Klüver

Das Kind wächst
nicht schneller,
wenn man daran zieht

Nathalie Klüver, freiberufliche Journalistin für verschiedene Zeitschriften und selbst Mutter von drei Kindern, berichtet in ihrem Mamablog (www. ganznormalemama.com) aus ihrem Familienalltag. Sie schreibt über den ganz normalen Wahnsinn im Familienalltag, über Ernstes, Nachdenkliches und natürlich Heiteres – denn mit Humor fällt alles leichter! Wenn man weiß, dass es anderen genauso geht, ist alles gleich nur halb so schlimm, lautet ihr Motto, das sich durch ihre gesamte Arbeit zieht.

Nathalie Klüver

Das Kind wächst nicht schneller, wenn man daran zieht

Erziehung einfach unperfekt: Wie du deine Kinder entspannt beim Großwerden begleitest

TRIAS

KINDER SIND WIE REISENDE, DIE NACH DEM WEG FRAGEN.

PAKISTANISCHES SPRICHWORT

Alles ganz normal, liebe Eltern!

Immer wieder stoße ich in den sozialen Medien auf Fragen von Müttern, die wissen wollen, ob es normal ist, dass ihr drei Wochen altes Baby nicht durchschläft oder dass ihr Dreijähriger nicht allein einschläft. Verunsicherte Mütter fragen sich, ob es normal ist, wenn ihr Zweijähriger sich nicht länger als 15 Minuten allein beschäftigen kann, oder ob es anderen auch so geht, dass ihr Vierjähriger kein Gemüse mag. Und dann sind da die Schwiegermütter oder neunmalklugen Nachbarinnen, die den Müttern erzählen wollen, dass Kinder spätestens mit sechs Monaten allein einschlafen sollten. Oder die Mutter aus der Kindergartengruppe, die es gar nicht verstehen kann, dass Kinder kein Gemüse essen, denn ihre Kinder essen natürlich alles und mögen auch gar keine Süßigkeiten. Sehr hilfreich auch, vielen Dank. Dabei gibt es so viele Dinge im Leben mit Kindern, die einfach normal sind. Die ganz und gar kein Grund zur Sorge sind. Und bei denen man sich gar keinen Kopf machen sollte, ob man selbst etwas falsch macht oder das Kind.

Was keiner über das Leben mit Kindern sagt

Es ist normal, wenn ein Baby nicht allein einschläft. Es ist ebenso normal, wenn ein Dreijähriger, Vierjähriger oder Fünfjähriger nicht allein einschläft. Es ist völlig normal, wenn ein kleines Baby alle zwei Stunden gestillt werden möchte. Es ist total normal, morgens hundemüde zu sein. Es ist ganz normal, wenn eure Kinder kein einziges Paar gleiche Socken im Schrank haben. Es ist normal, wenn ihr abends nur die Hälfte von dem geschafft habt, was ihr euch vorgenommen habt. Auch wenn ihr nur ein Viertel dessen geschafft habt, ist es normal. Es ist normal, wenn im ganzen Haus das Kinderspielzeug umherfliegt. Es ist normal, wenn eure Babys von 20 bis 23 Uhr nur an der Brust sein wollen. Es ist normal, wenn die Klamotten eurer Kinder Löcher und Flecken haben. Ja, auch wenn die Flecken nicht mehr rausgehen. Es ist normal, wenn eure Kinder sich ständig streiten. Es ist normal, ab und zu das Gefühl zu haben: »Ich kann nicht mehr.« Genauso normal ist es, dieses Gefühl nicht nur ab und zu, sondern ziemlich oft zu haben. Es ist normal, wenn ein Dreijähriger im Supermarkt einen Wutanfall bekommt. Es ist normal, wenn kleine Kinder wochenlang nur Nudeln »mit ohne Soße« essen. Es ist normal, wenn euer Baby tagelang nur getragen werden will. Es ist aber auch normal, wenn ein Baby zufrieden allein in seinem Bettchen einschlummert.

Diese und viele andere Dinge sind ganz normal. Denn das »normal« ist bei Kindern und Familien weit gefasst. Was ist schon normal? Na eben! Für jeden ist etwas anderes normal, alles andere wäre erstens langweilig und zweitens unrealistisch. Es ist doch so: Wir sind alle Individuen, unsere Kinder, wir, unsere Mitmenschen. Wir gehen alle unseren eigenen Weg. Und deshalb können Erziehungsratgeber auch immer nur eine Orientierung geben, eine Art Leitplanke auf der Autobahn sein. Aber eines können sie nicht sein: Gebrauchsanweisungen für das Kind. Erziehung funktioniert nur ohne Dogma, ohne erhobenen Zeigefinger. Kinder kommen nun mal nicht mit einem Benutzerhandbuch auf die Welt. Egal, wie gut wir uns vorbereiten und uns vornehmen, alles richtig zu machen, wir können nicht immer wie aus dem Lehrbuch reagieren. Wer sich das vornimmt, kann nur scheitern! Denn jedes Kind ist eine Wundertüte, das ganze Leben mit Kindern gleicht einer Wundertüte.

Als Eltern müssen wir in zwei Dingen wirklich gut sein: im Flexibelsein und im Nachsichtigsein – nachsichtig mit unseren Kindern und vor allem auch mit uns selbst. Und nachsichtig mit all denen, die uns ungefragt Ratschläge geben – denn oft sind sie einfach nur gut gemeint, auch wenn sie uns manchmal tierisch auf die Nerven gehen.

Euren eigenen Weg zu gehen, dabei flexibel zu sein und sich das herauszupicken, was zu euch passt, dazu möchte ich euch mit diesem Buch ermutigen, das eben kein solches Lehrbuch ist. Ich möchte euch mögliche Wege aufzeigen, erklären, was wissenschaftlich begründet ist, und euch dazu inspirieren, den eigenen Weg zu finden. Erziehung muss nicht dogmatisch sein, Hauptsache ist: Ihr fühlt euch wohl. Denn jedes Kind, jede Mutter, jeder Vater, jede Familie ist anders. Wie mit meinen anderen Büchern und auch mit meinem Blog ganznormalemama.com möchte ich auch mit diesem Buch den Druck von euch nehmen, perfekt zu sein. Denn niemand ist perfekt und niemand muss es sein! Gut genug reicht. Und was das ist, bestimmt jede, jeder von uns ganz allein.

Eure Nathalie

DEINE **MUTTER** IST DER **EINZIGE MENSCH** AUF DER WELT, DER DICH SCHON LIEBT, BEVOR ER **DICH** KENNT.

– JOHANN HEINRICH PESTALOZZI

Das Baby ist da. Und nun?

Elternsein ist so eine Sache. Egal, wie viele Bücher du vorher liest, um dich vorzubereiten, egal, wie sehr du in den sozialen Medien mitliest oder mit anderen Müttern redest: Niemand bereitet dich wirklich darauf vor, wie es ist, wenn man sich wochenlang die Nächte um die Ohren schlägt, im Zweistundentakt stillt und tagelang nicht zum Duschen kommt. Niemand ist wirklich darauf vorbereitet, wie schnell ein Kind vom Sonnenschein zum Wutzwerg mutiert. »Ich liebe dich!« und »Du bist die blödeste Mama der Welt!« liegen dicht beieinander. Wie dicht, das erzählt einem vorher niemand. Und selbst, wenn es jemand erzählt: Niemand hat eine Ahnung, wie es sich wirklich anfühlt, bis der Moment da ist.

Ich hatte keine Ahnung, dass man, egal, wie viele Bücher im Regal stehen, zehnmal dasselbe Buch vorlesen muss. Ach Quatsch, zwanzigmal. Am Tag. Ich hatte keine Ahnung, wie anstrengend es sein kann, stundenlang im Kaufmannsladen einkaufen zu gehen und gefühlt 100-mal zu sagen: »Ich hätte gern noch eine Tragetasche.« Und nein, ich war auch nicht darauf vorbereitet, wie viel Dezibel man ertragen kann. Stundenlang. Ohne Pause. Und dass man es dennoch schafft, nebenher zu telefonieren und gleichzeitig mit einer Hand ein Brot zu schmieren. Ich wusste nicht, wie viel Schnodder aus einer Babynase laufen kann – wo kommt das alles her?! Ich hatte ja keine Ahnung!

Ebenso wenig wie mir vor dem ersten Kind bewusst war, dass der Alltag mit einem Mal von 100 auf 0 heruntergebremst wird. Vom Baby. Es war mir nicht ansatzweise klar, wie es sich anfühlt, wenn man keine Zeit zum Duschen hat, nicht einmal, um auf die Toilette zu gehen. Dass es Jahre dauern würde, bis ich mal wieder allein (!) aufs Klo gehen würde, hatte man mir auch verschwiegen. Wahrscheinlich hätte ich es sowieso nicht geglaubt. Und was mir nie im Geringsten klar war: Wie viel Liebe man für so einen kleinen Menschen empfinden kann. Einfach so. Bedingungslos. Und wie diese Liebe sich vermehrt, wie ein Hefeteig, der einfach immer mehr aufgeht.

Die erste Zeit mit dem Baby – so viele Fragen

Das Telefon klingelt. Aber ich lasse es klingeln. Nicht, weil ich keine Lust habe ranzugehen. Sondern, weil ich mich nicht rühren kann. Meine Tochter schläft. Auf mir drauf. Aber wehe, ich bewege mich oder wage es, sie abzulegen: Rabäh, los geht das Babykonzert! Es ist mal wieder einer dieser Tage, an denen sie auf mir wohnt. »Babys schlafen ja so viel«, hat man mir gesagt. Nur leider ausschließlich auf mir drauf. Und auch, wenn sie wach ist, ihr Lieblingsplatz zurzeit: Mamas Arm. Immer. Mamas Arm. Rund um die Uhr. Mamas Arm!

Beim ersten Kind hatten wir eine Wiege gekauft, einen sogenannten Stubenwagen. So kann das Baby immer bei uns sein, wenn es schläft, haben wir gedacht. Falsch gedacht. Den Stubenwagen verschenkten wir nach einigen Monaten ungenutzt. Denn auch unser erstes Kind »wohnte« quasi auf mir. Manchmal wochenlang.

Statt den Stubenwagen durchs Haus zu schieben, wurde ich Meisterin im »Dinge mit einer Hand erledigen«: Dosen öffnen mit einer Hand? Eine Leichtigkeit! Zwiebeln schneiden ebenso. Mein erstes Buch schrieb ich zum größten Teil einhändig tippend. Mit jedem Kind perfektio-

nierte ich diese Eigenschaft mehr. Aber auch wenn mir diese Tage damals ewig vorkamen, in denen meine Kinder nirgendwo anders als auf meinem Arm sein wollten: Sie waren irgendwann plötzlich vorbei. Alles nur eine Phase – die ich, wie so viele dieser Phasen, an manchen Tagen fast schmerzlich vermisse.

—— Geboren wird nicht nur das Kind durch die Mutter, sondern auch die Mutter durch das Kind. ——

Getrud von Le Fort

Menschenkinder sind Traglinge. So wie unsere nächsten Verwandten, die Affenbabys. Es ist eine Art »genetische Grundausstattung«, mit der wir auf die Welt kommen, wie der Entwicklungspsychologe Hartmut Kasten schreibt.[1] Was diese Theorie in der Praxis bedeutet, können sich viele Mütter vor dem ersten Kind nicht vorstellen. Erst, wenn man diese Tage selbst erlebt hat, an denen das Baby nicht mehr abgelegt werden möchte, man quasi zusammengewachsen ist, fängt man an zu begreifen, was mit »Tragling« gemeint ist. Und egal, wie schön diese Nähe ist, wie sehr man sie genießt: Diese Tage können lang sein. Sehr lang.

Das Beruhigende: Diese Phasen gehen vorbei, wenn die Kinder größer und selbständiger werden (wobei es immer wieder »Rückfälle« gibt, nämlich immer dann, wenn Kinder besonders viel Neues lernen und verarbeiten müssen). Und: Es ist völlig normal, dass Babys schreien und quasi »auf der Mutter« wohnen!

Ein Blick zurück in die Geschichte der Menschheit zeigt, wieso das so ist: Babys, die sich, ohne zu meckern, ablegen ließen, waren die Ersten, die einem Angriff von Säbelzahntiger & Co. zum Opfer fielen. Menschenbabys kommen im Gegensatz zu Pferdebabys oder Elefantenbabys wehrlos zur Welt – sie können nicht einfach wegkrabbeln, geschweige denn laufen, wenn die Herde bedroht wird. Über die

Jahrtausende hinweg wurden Menschenbabys getragen, beispielsweise beim Sammeln von Beeren im Wald, oder bei der Feldarbeit einfach umgebunden. Erst die industrielle Revolution machte es nötig, dass Mutter und Kind getrennt wurden, denn die Kinder konnten meist nicht mit an den Arbeitsplatz. Auch im Haushalt fiel die Notwendigkeit weg, das Baby ständig am Körper zu tragen: Schließlich gab es keinen Säbelzahntiger mehr und mit Wiegen und Babybetten eine sichere Umgebung, in der man das Kind ablegen konnte.

Doch Tragen hat auch in heutigen Zeiten ohne hungrige Säbelzahntiger vor der Höhle Vorteile für Babys: Das Tragen stärkt die Bindung, der enge Körperkontakt beruhigt. Durch das Tragen wird außerdem der Gleichgewichtssinn stimuliert, da das Baby ständig die Bewegungen der Mutter (oder des Vaters) ausgleicht. So werden ganz nebenbei auch noch die Muskeln trainiert. Übrigens: Die Befürchtung, dass Kinder, die viel getragen werden, später robben und krabbeln lernen als andere Kinder, bewahrheitet sich nicht. Das hat der Blick auf verschiedene Kulturen, in denen Babys traditionell lange und viel getragen werden, gezeigt.

Babys schreien nicht, um uns zu ärgern

Mehrere Studien haben auch ergeben, dass Kinder, die viel getragen werden, weniger schreien.[2] Was für uns Eltern eine enorme Entlastung ist, denn machen wir uns nichts vor: Babys schreien. Sie schreien mitunter viel. Sehr viel. Und gerade beim ersten Kind ist es nicht immer einfach herauszufinden, was der kleinen Maus gerade fehlt. Hunger? Windel voll? Windel zu eng? Langeweile? Zu warm? Zu kalt? Schmerzen? Oder einfach nur zu viele Eindrücke, zu viel Action?

Schreien ist für Babys die einzige Möglichkeit, auf ihre Bedürfnisse aufmerksam zu machen. Ein Baby kann nicht rufen: »Hey, Mama, ich habe Hunger!« oder »Zeit für eine neue Windel!« Wenn wir uns das immer wieder vor Augen führen, dann fällt es schon viel leichter, das

Schreien zu ertragen und darauf zu reagieren. Durch die Reaktion der Eltern auf das Mitteilen der Bedürfnisse erfährt das Baby, dass es sich auf seine Bezugspersonen verlassen kann: »Mama ist da und zieht mir warme Socken an, wenn mir kalt ist.« So entsteht ein inneres Gefühl der Sicherheit. Das Baby entwickelt Selbstvertrauen und das Gefühl, sich auf die Umwelt verlassen zu können.

Eine sichere Bindung aufbauen

Körperkontakt und Geborgenheit in der eigenen Familie sind im ersten Lebensjahr die Voraussetzung dafür, dass Babys eine sichere Bindung und ein Urvertrauen aufbauen. Dieses Urvertrauen ist die Basis für eine spätere Selbständigkeit. Der Psychoanalytiker Erik H. Erikson bezeichnet es auch als »Gefühl des Sich-verlassen-Dürfens«, das einen »Eckstein der gesunden Persönlichkeit« bilde. Je unsicherer dieses Vertrauen, desto größer ist das Misstrauen. Es lässt Verlustängste entstehen, die bis ins Erwachsenenleben hinein bleiben können und Probleme im Umgang mit Konflikten nach sich ziehen können.[3] Der Kinderarzt und Psychoanalytiker John Bowlby nennt es »das Konzept der sicheren Bindung«. Je mehr Bindungspersonen dabei auf die Wünsche des Babys eingehen, umso sicherer wird die Bindung sein.[4]

Eigentlich ein ganz einfaches Prinzip. Unser Baby möchte uns nicht manipulieren, wenn es schreit. Es drückt einfach nur seine Bedürfnisse aus. Deshalb können wir Babys auch nicht verwöhnen. Egal, was Großeltern oder andere sagen: Der Spruch »Schreien kräftigt die Lungen« ist Blödsinn! Ebenso wie es Blödsinn ist, dass Babys nur alle vier Stunden gestillt werden dürfen oder dass sie allein einschlafen müssen. Wenn Eltern in den ersten Monaten feinfühlig und direkt auf ihr Baby reagieren, dann haben sie auch mit großer Wahrscheinlichkeit ein sicher gebundenes Kind. Denn so zeigen sie, dass sie da sind, dass sie ihr Kind ernst nehmen und dass sich das Kind auf sie verlassen kann. Je sicherer die Bindung des Kindes an seine Bezugspersonen, umso besser wird das Kind seine Umwelt entdecken können und umso besser wird es später auch mit der (kurzzeitigen) Trennung von seinen Bezugspersonen umgehen können. Eine sichere Bindung gibt nämlich ein starkes Selbstwertgefühl.[5]

Dieses Gefühl der Geborgenheit ist einer der Grundpfeiler einer sicheren Bindung und Beziehung zu den Eltern. Viel mehr als ein Abarbeiten von vermeintlichen »bindungsorientierten Checklisten«, wie manche dogmatische Attachment-Parenting-Anhänger in den sozialen Medien suggerieren. Bindung hängt davon ab, wie feinfühlig wir auf unsere Kinder reagieren und auf ihre Bedürfnisse eingehen. Auch wer sein Baby nicht stillen kann oder will, kann trotzdem für eine sichere Bindung sorgen – und muss deshalb kein schlechtes Gewissen haben. Ebenso ist es kein Muss, sein Baby ausschließlich im Tragetuch zu tragen. Auch wer einen Kinderwagen bevorzugt, kann eine gute Bindung zu seinem Baby haben. Und schon gar nicht sind Dinge wie Reboardersitze im Auto ausschlaggebend, ob man sein Kind bindungsorientiert erzieht, ganz egal, was teilweise geschrieben wird!

Vertrauen ist die Basis für eine gesunde Entwicklung, aber nicht nur das. Es ist auch die Basis für das Lernen und dafür, dass sich Nervenzellen im Hirn miteinander verknüpfen. Je größer das Vertrauen, umso größer ist die Bereitschaft von Kindern, sich auf etwas Neues einzulassen. Bei zu viel Druck und Verunsicherung können neue Erfahrungen im Gehirn nicht mehr so gut abgespeichert werden, das Kind verliert die Offenheit und Neugier, sich auf etwas Neues einzulassen. Eine gute Bindung und ein sicheres Vertrauen in die Eltern schafft also beim Baby die besten Voraussetzungen, Neues zu lernen und im Gehirn zu verankern – und ist damit wichtiger als PEKiP, Babymassage und erst recht Baby-Englisch.

Auch wenn es wichtig ist, auf die Bedürfnisse des Kindes schnell zu reagieren, heißt das nicht, dass wir Eltern unsere eigenen Bedürfnisse permanent hintanstellen müssen. Selbstaufgabe zugunsten einer sicheren Bindung ist eine Rechnung, die nicht aufgeht. Denn eine Mutter, die sich nie um sich selbst kümmert, hat irgendwann keine Kraft mehr, sich um andere zu kümmern. Mehr dazu in Kapitel »Es ist nicht egoistisch, egoistisch zu sein!« (Seite 115).

Stillen ist Liebe?

Es gibt kaum ein Thema, an dem sich die Geister so sehr scheiden wie am Stillen. Dabei ist das eine Sache, bei der jede Mutter ihren eigenen Weg finden muss. Es ist wichtig, dass sich Mutter und Kind wohlfühlen. Auch wie lange ihr stillt, entscheidet ihr selbst. Ihr könnt übrigens auch weiterstillen, wenn die Elternzeit vorbei ist. Dass euer Kind in der Betreuung ist, ist kein Grund abzustillen.

Ich wollte immer stillen. Die Vorteile des Stillens lagen auf der Hand: auf das Kind abgestimmte Nährstoffe und Kalorien, Antikörper der Mutter gehen auf das Baby über, in der Muttermilch sind wichtige Milchsäurebakterien, die förderlich für eine gesunde Darmflora des Babys sind (und damit für das Immunsystem), die Brust ist immer da, die Muttermilch hat immer die richtige Temperatur und Stillen ist Nähe und Bindung. Vor allem nachts ist Stillen ideal: einfach nur das Baby im Liegen andocken anstatt ein Fläschchen anschütteln – der Vorteil erschloss sich mir schon allein aus Bequemlichkeitsgründen. Ich hatte mich gut vorbereitet, wusste, dass die Vormilch, das Kolostrum, besonders nahrhaft ist und besonders viele Antikörper der Mutter in diese Milch übergehen. Ich war bestens informiert. Sogar über Stillhaltungen hatte ich mich eingelesen.

Nur auf eins war ich nicht vorbereitet: dass mein Sohn Schwierigkeiten beim Saugen haben könnte. Von dem romantischen Bild, das ich hatte, blieb in den ersten Tagen nach der Geburt nichts übrig. Statt mein trinkendes Kind selig lächelnd im Arm zu haben, saß ich alle zwei Stunden im Bett, eine Milchpumpe an der schmerzenden Brust. Die ersten Tage pumpte ich ab und spritzte ihm die Vormilch mit einer kleinen Spritze in den Mund. Einer sehr engagierten Stillberaterin im Krankenhaus ist es zu verdanken, dass ich dranblieb und meinen Sohn immer wieder anlegte – bis er aus eigener Kraft saugen konnte. Ich habe ihn dann ein Jahr lang gestillt. Bei meinen beiden anderen Kindern klappte das Stillen sofort, die Übung meinerseits machte sich bemerkbar. Ich habe sie beide bis nach dem dritten Geburtstag gestillt. Weil sie es wollten, weil ich ihnen Zeit geben wollte, sich selbst von der Brust zu verabschieden, und weil ich immer gern gestillt habe.

Wissenswertes zum Stillen

TRINKEN NACH BEDARF

Babys trinken nach Bedarf und nicht nach einem festen Plan. Die Stillabstände können schwanken: Genauso wie ein Zwei-Stunden-Rhythmus normal ist, ist auch ein Vier-Stunden-Rhythmus normal. Eine Mindestzeit zwischen dem Stillen muss nicht eingehalten werden.

DIE STILLABSTÄNDE WERDEN GRÖSSER

Je älter das Kind wird, umso mehr wächst sein Magen und umso größer werden die Stillabstände (auch nachts!). Aber es ist ganz normal, dass sie auch immer mal wieder kürzer werden. Nicht immer haben die Babys dann mehr Hunger, oft wollen sie auch einfach mehr Nähe oder sich durch das Saugen beruhigen.

KEINE ANGST VOR ÜBERGEWICHT

Ein Baby, das nach Bedarf gestillt wird, kann nicht übergewichtig werden, da es so viel saugt, wie es an Nahrung braucht.

CLUSTERFEEDING IST NORMAL

Es ist völlig normal, dass Babys Phasen haben, in denen sie vor allem abends stundenlang gestillt werden wollen. »Clusterfeeding« nennt man das. Es tritt oft in Phasen auf, in denen Babys etwas Neues lernen und deshalb mehr Nahrung brauchen. Es ist eine Art »Vorbestellung« für die Trinkmenge des nächsten Tages. Denn je häufiger ein Baby angelegt wird, umso stärker wird die Milchproduktion angeregt.

MUTTERMILCH ENTHÄLT VIEL WASSER

Auch bei heißem Wetter müsst ihr nicht Fencheltee oder Wasser zufüttern, denn Muttermilch besteht zu 85 Prozent aus Wasser. Bei starker Hitze wird das Baby einfach häufiger an die Brust wollen.

BEI UNKLARHEITEN ZUM ARZT GEHEN

Wenn euer Baby krank wirkt und beim Stillen kraftlos erscheint, wendet euch an euren Arzt. Je jünger das Baby ist, umso schneller!

AUCH KLEINE BRÜSTE GEBEN MILCH

Wie viel Milch produziert wird, hat nichts, aber auch gar nichts mit der Größe der Brüste zu tun. Kleine Brüste produzieren genauso Milch wie große Brüste. Frauen mit Körbchengröße A müssen sich also keine Sorgen machen.

STILLEN NUTZT AUCH DER MUTTER

Stillen zehrt euch entgegen allen Gerüchten nicht aus: Ihr habt zwar einen leicht erhöhten Kalorien- und Nährstoffbedarf, aber gerade in der Rückbildungszeit hilft Stillen, dass sich die Gebärmutter schneller zurückbildet. Außerdem beruhigen die ausgeschütteten Stillhormone.

IHR DÜRFT ALLES ESSEN

Ein weiterer Stillmythos ist, dass Mütter auf blähende Gemüse verzichten sollten: Das stimmt nicht. Stillende Mütter können alles essen. Auf Alkohol und bestimmte Medikamente solltet ihr jedoch verzichten.

STILLEN ZUM EINSCHLAFEN IST OKAY

Oft hören junge Mütter, dass sie ihre Babys nicht beim Stillen einschlafen lassen sollten, weil »sie sonst nie lernen, ohne die Brust einzuschlafen«: Solange es euch dabei gut geht, könnt ihr es, solange ihr wollt, beibehalten. Wenn es so weit ist, lernen die Kinder von selbst, allein einzuschlafen.

MUTTERMILCH IST NAHRHAFT

Oft hört man, Muttermilch sei nach einem halben Jahr nicht mehr nahrhaft genug für das Baby. Auch wenn Muttermilch flüssig ist, enthält sie doch etwa 68 Kilokalorien pro 100 Milliliter. Zum Vergleich: Der Energiegehalt von 100 Gramm gekochten Möhren beträgt 27 Kilokalorien.[6]

KRIPPENKINDER STILLEN? KEIN PROBLEM!

Natürlich können auch gestillte Kinder eine Krippe besuchen. Wenn die Mutter nicht da ist, wird das Kind auch nicht nach der Brust verlangen. Es ist auch durch nichts belegt, dass gestillte Kinder länger für die Eingewöhnung brauchen. Das Einzige, was sein kann, ist, dass das Kind beim Abholen aus der Krippe eine gehörige Portion Mamamilch und Mamanähe braucht – aber auch das ist völlig normal.

Damit möchte ich aber nicht sagen, dass jede Mutter drei Jahre lang stillen muss. Oder dass überhaupt jede Mutter stillen muss. Aber ich möchte alle ermutigen, die am Anfang mit Problem zu kämpfen haben, sich an die Hebamme zu wenden und nicht vorschnell aufzugeben! Zertifizierte Stillberaterinnen haben viele Tipps, sie begleiten euch und haben ein offenes Ohr für eure Fragen. Auch bei Schmerzen beim Stillen kann euch eure Hebamme weiterhelfen. Gut zu wissen: Die gesetzlichen Krankenkassen zahlen für die Dienste einer Hebamme während der gesamten Stillzeit. Ihr könnt euch also auch nach dem Wochenbett immer an sie wenden.

Aber wenn es einfach nicht klappt mit dem Stillen – und dafür gibt es gute Gründe, ganz persönliche oder auch medizinische –, dann habt kein schlechtes Gewissen. Macht euch keine Vorwürfe. Auch Flaschenmütter sind gute Mütter. Und auch beim Fläschchengeben kann man Nähe schaffen, eine Bindung aufbauen. Fläschchengeben ist genauso Liebe wie Stillen, egal, was die Hashtags in den sozialen Medien euch sagen. Egal ob Stillen oder Fläschchen: Niemand sollte sich für diese ganz private Entscheidung rechtfertigen müssen.

Wie viel Schlafmangel können Eltern ertragen?

Ich halte mich tapfer an meinem Kaffee fest. Aber irgendwann pusht auch der stärkste Kaffee nicht mehr, und auch der grüne Tee danach macht nur minimal wacher. Ich freue mich schon aufs Bett, aber bis es so weit ist, muss ich noch einen ganzen Nachmittag mit drei Kindern durchstehen, die drei Kapitel Gutenachtgeschichte inbegriffen, dazu Streitereien um Lego, Zahnputzverweigerung, etliche volle Windeln und was so ein Nachmittag noch so mit sich bringt. Eines kann ich jetzt schon sagen: Ich werde wieder mit den Kindern einschlafen. Aber auch, wenn die Aussicht auf das kuschelige Bett gerade noch so verlockend ist, richtig freuen kann ich mich nicht. Denn wer freut sich schon auf eine Nacht, die alle zwei Stunden von einem hungrigen Baby unterbrochen wird?

Müde bin ich. Das zerrt – an den Nerven, an der Substanz. Ich verstehe nun, wieso Schlafentzug auch als Foltermethode eingesetzt wird. Ich rede mir ein, dass es alles nur eine Phase ist. Ich weiß ja eigentlich auch, dass diese Phasen im Rückblick nur wie ein Wimpernschlag sind. Mag im Rückblick so sein, aber jetzt gerade, genau jetzt, ist das ein schwacher Trost. Denn ich bin jetzt müde. Und klar weiß ich, dass es bald wieder besser aussieht und dass die Zeit kommt, in der ich morgens ausgeschlafen aus dem Bett hüpfe. Aber das alles hilft mir gerade jetzt überhaupt nicht.

Schlafmangel raubt jegliche Energie. Schlafmangel macht schlaff. Schlafmangel macht verletzlich. Schlafmangel macht dünnhäutig. Schlafmangel macht, dass das, was du sonst mit links meisterst, auf einmal zu einem unüberwindlichen Hindernis wird. Schlafmangel macht, dass dich Kleinigkeiten aus der Bahn werfen, die du sonst noch nicht mal wahrnehmen würdest. Schlafmangel macht, dass die Nerven dünn wie Nähgarn sind und du bei Dingen resignierst, die du sonst elegant überspringst.

Schlafmangel macht, dass dir jedes Quengeln, jedes Meckern deines Babys so laut vorkommt, dass du es einfach nicht ertragen kannst. Schlafmangel macht, dass du viel zu viel mit deinen Kindern schimpfst. Weil die Energie fehlt, drei streitende Kinder einfach zu ertragen. Weil der Schlafmangel dir sogar deinen Humor raubt. Und die schlechte Laune auf die Kinder abfärbt, gnadenlos. Ich bin müde, schlecht gelaunt, ich möchte einmal nur zwei Minuten irgendetwas schaffen, etwas tun, ohne dass das Baby schreit oder ein Kind an mir rumzerrt. Ich mag mein Schlafmangel-Ich gar nicht. Es ist so eine Meckertante, dass ich noch nicht einmal Mitleid haben kann.

Deshalb habe ich beschlossen, dass ich das Schlafmangel-Ich jetzt einfach mal wegsperre. Und es eintausche gegen ein vielleicht etwas müdes, aber nicht durch und durch schlecht gelauntes Ich. Ein Ich, das das Beste aus der Situation macht. Muss ja. Ich mache es mir jetzt gemütlich mit meinem Kaffee und kuschele mit dem Baby (wenn sie schon auf mir wohnt, dann mache ich das Beste draus). Und wer weiß – vielleicht wird die nächste Nacht ja besser? Ganz bestimmt. Schlechter kann sie kaum werden.

—— Gut schläft, wer gar nicht merkt, dass er schlecht schläft. ——

Publilius Syrus

Schlafmangel ist eine der größten Belastungen, mit denen frischgebackene Eltern in den ersten Monaten zu kämpfen haben. Und ja, es sind vor allem Mütter, die von Natur aus leichter aus dem Schlaf zu wecken sind und bei jedem kleinsten Geräusch ihrer Kinder aufwachen. Daran ist, wie bei so vielem, die Evolution schuld. Ich für meinen Teil werde nie vergessen, wie mein Mann mich nach den schlimmsten durchwachten Nächten mit dem Satz weckte: »Heute hat er aber gut geschlafen, oder?« Und er meinte es völlig ernst! Denn kein Pieps und kein Geschrei konnte ihn aus seinem Schlaf aufwecken. Mich aber schon.

Ein kleiner Trost: Es geht den allermeisten Eltern so. Neugeborene können noch gar nicht durchschlafen. Ihr seid nicht die Einzigen, die sich die Nächte mit einem schreienden Baby auf dem Arm um die Ohren schlagen. Und kleiner Trost Nummer 2: Es geht vorbei. Irgendwann. Ja, es geht wirklich vorbei. Und wenn man dann auf diese Monate zurückblickt, kommt einem alles nur noch halb so schlimm vor.

Neugeborene haben noch gar keinen Schlaf-Wach-Zyklus. Sie schlafen, wenn sie müde sind. Und nehmen dabei keine Rücksicht darauf, dass wir lieber nachts als tagsüber schlafen, und zwar ohne Unterbrechung. Einen Schlaf-Wach-Zyklus zu entwickeln, ist ein Meilenstein der Entwicklung, zu dessen Erreichung jedes Baby sein eigenes Tempo vorlegt. Die ersten sechs Wochen wachen fast alle Babys auch nachts alle zwei bis drei Stunden auf. Deshalb rät man Müttern auch nicht ohne Grund, in dieser Wochenbettzeit am besten so wenig wie möglich zu tun, sich nur auszuruhen, mit dem Baby zu kuscheln und einander kennenzulernen.

So entwickelt sich der Schlaf-Wach-Zyklus

Erst allmählich passen sich Babys an äußere Einflüsse an und fangen an, in der Abfolge von Stillen, Baden, Unterhaltung durch Mama und Papa einen Rhythmus zu erkennen. Durch solche Tagesroutinen und entsprechend angepasste Dunkelheit und Helligkeit kann man ihnen helfen, ihren eigenen Schlaf-Wach-Zyklus zu finden.

Deshalb sollten Eltern nicht aus Rücksicht auf ihr schlafendes Baby tagsüber alle Geräusche dämpfen und die Vorhänge zuziehen – ganz im Gegenteil. Wir können unser Baby am besten beim Finden des Schlaf-Wach-Zyklus unterstützen, indem wir unseren gewohnten Tätigkeiten einfach weiter nachgehen. Was im Umkehrschluss auch bedeutet, dass wir nachts kein großes Bohei machen, das Licht gedimmt lassen, wenn gewickelt werden muss, beim Stillen auf Licht, so gut es geht, verzichten und nur mit leiser Stimme beruhigend mit dem Baby sprechen, statt mit ihm zu spielen. Überhaupt das Wickeln: Das solltest du nachts am besten nur tun, wenn es wirklich nötig ist, also die Windel überläuft. Ein bisschen Pipi in der Windel schadet keinem Baby, das Wickeln weckt es nur unnötig auf.

Um ein Baby an den Schlaf-Wach-Zyklus zu gewöhnen und ihm das Einschlafen zu erleichtern, ist es hilfreich, das Baby so früh wie möglich an Einschlafrituale zu gewöhnen, die zeigen: Der Tag ist vorbei, jetzt kommt die Nacht, die lange Schlafphase. Das hilft, besser in den Schlaf zu finden – und die gewohnten Rituale geben Geborgenheit, was das Einschlafen erleichtert. Bei Babys müssen das keine langen Rituale sein, es muss dafür auch nicht jeden Abend gebadet werden (meine Kinder wurden übrigens durch das Baden immer erst so richtig wach, der Tipp funktionierte bei uns gar nicht). Es reicht zum Beispiel, das Licht zu dimmen, das Baby mit ruhigen Bewegungen umzuziehen, sanft zu massieren und ein Schlaflied zu singen. Ältere Kinder können zum Beispiel allen Kuscheltieren Gute Nacht sagen und ihr könnt eine kurze Geschichte erzählen oder ein Buch anschauen.

Energiesammeln im Wochenbett

Passe dich dem Rhythmus deines Babys an. So gibst du deinem Körper Gelegenheit, sich von den Strapazen der Geburt zu erholen und sich an die neuen Lebensumstände zu gewöhnen. Dein Körper leistet gerade in diesen ersten Wochen schier Übermenschliches – und dafür sollten wir Mütter ihm Zeit und Ruhe geben. Und liebe Väter, eure Aufgabe ist es, der frischgebackenen Mutter so viel Zeit und Raum dafür zu geben, wie sie benötigt.

Ruhe wird übrigens überschätzt. Babys brauchen keine ruhige Schlafumgebung. Viele Säuglinge schlafen sogar bei leichten Hintergrundgeräuschen besser. Dass Eltern mit einem angeschalteten Fön neben dem Babybett stehen, ist kein Märchen. Gerade solche monotonen Hintergrundgeräusche beruhigen die kleinen Mäuse. Das ist kein Wunder: Sie kennen einen gewissen Lärmpegel schließlich noch aus Mamas Bauch. Dort war neun Monate lang immer etwas los. Ein gewisser Geräuschpegel im Hintergrund wirkt also beruhigend und gibt Sicherheit.[7] Das hat die Natur nämlich clever eingerichtet: Ist es zu ruhig, fühlen sich Babys alleingelassen und wachen auf. Deshalb schlafen sie auch so gern dicht bei Mama und Papa statt im eigenen Zimmer. Das Atmen der Eltern wirkt ebenfalls beruhigend und gibt die Rückversicherung: »Ich bin nicht allein.«

Deshalb hilft es auch, das Baby nicht bei jedem geringsten Mucks hochzuheben, an die Brust zu legen oder herumzutragen. Denn oft wachen die Kleinen gar nicht richtig auf, wenn sie leise Geräusche von sich geben. Sie suchen viel mehr eine Rückbestätigung, dass sie nicht allein sind. Wenn also das Baby nachts neben einem unruhig wird und leise Geräusche von sich gibt, hilft es, erst einmal ein kurzes Geräusch zurückzugeben, das Geräusch des Kindes also quasi leise nachzuahmen, oder ruhig den Kopf des Babys zu streicheln. »Mama ist da, ich bin nicht allein und kann weiterschlafen«, denkt sich das Baby und schlummert weiter. Klappt nicht immer, aber erstaunlich oft – und Mama kann genauso weiterschlafen.

»Schläft es schon durch?«

Ab einem Alter von etwa sechs Wochen schlafen Babys im Schnitt etwa zwölf bis 19 Stunden am Tag, die Wachphasen werden immer länger und auch die Zeit, die sie am Stück schlafen. Etwa 70 Prozent der Babys schlafen übrigens mit etwa drei Monaten auch mal durch. Das bedeutet jedoch nicht das, was sich viele Eltern erhoffen, also keinen Nachtschlaf von 20 bis 7 Uhr. Sondern: fünf Stunden am Stück. Das ist das, was gemeinhin als Durchschlafen bezeichnet wird.[8] Diese fünf Stunden am Stück liegen allerdings meist in der ersten Nacht-hälfte, in der übrigens alle Babys ruhiger schlafen als in der zweiten Nachthälfte, die auch bei älteren Kindern oft sehr viel unruhiger ist.

Auch bei Babys gibt es bereits verschiedene Schlaftypen, also die sogenannten Lerchen und Eulen. Lass dich deshalb nicht von Tabellen verunsichern, in denen steht, wann Kinder wie lange schlafen. Wie wir Erwachsenen auch hat jedes Kind ein individuelles Schlaf-bedürfnis. Babys holen sich den Schlaf, den sie brauchen. Allerdings gibt es auch immer wieder Phasen, in denen Kinder schlechter schlafen (auch über das Babyalter hinaus) und nachts häufiger aufwachen, mehr Schlaf benötigen oder länger zum Einschlafen brauchen. Der Durchbruch von Zähnen, eine anstehende Erkältung oder auch, wenn sie tagsüber besonders viel Neues lernen, führen zu solchen Phasen. Das Gute dabei: Auf solche Phasen werden wieder bessere folgen.

Mehr Schlaf für Mama

Wenn du einige Stunden am Stück schlafen möchtest, solltest du am besten auch früh ins Bett gehen. Denn wenn das Baby um sieben Uhr zum Nachtschlaf ins Bett gelegt wird und dann fünf Stunden schläft, ist es gegen Mitternacht wieder wach. Gehst du erst um elf Uhr ins Bett, wirst du nach einer Stunde wieder aus dem Bett geworfen. Warst du hingegen schon um acht Uhr im Bett, hast du eine Mütze voll Schlaf ohne Unterbrechung abbekommen.

Einschlafkuscheln ist ganz normal

Und was ist, wenn das Baby nicht allein einschlafen will? Das ist nur natürlich! Auch da gibt es wie bei den Lerchen und Eulen unterschiedliche Typen. Manche Kinder schlafen tatsächlich schon als Baby allein ein. Aber die meisten nicht. Was sich auch mit unserem Erbe aus der Steinzeit erklären lässt. Logisch, denn wer selig schlummert, wird beim Säbelzahntigerangriff schon mal vergessen. Es ist bei uns Großen auch nicht anders: Viele von uns mögen nicht gern allein schlafen, oder? Wieso sollten wir es dann von einem Einjährigen erwarten? Oder von einem Vierjährigen?

Einschlafkuscheln und auch Einschlafstillen ist nichts, was abtrainiert werden muss. Wen es nicht stört, der kann sein Kind so lange in den Schlaf begleiten, wie das Kind es möchte, bis es von sich aus aufhört. Das kann durchaus auch bis ins Grundschulalter hinein dauern. Und nein, auch wenn es Großeltern sagen: Kein Kind muss allein einschlafen können. Irgendwann können sie es alle – und ganz bestimmt werden sie mit 16 nicht ihre erste Freundin mit ins Ehebett bringen!

Übrigens: Immer mehr Eltern begleiten ihre Kinder in den Schlaf, hat eine YouGov-Studie der Zeitschrift »Eltern« aus dem Jahr 2018 gezeigt. 2009 verließen noch zwei Drittel der Eltern das Kinderzimmer oder Schlafzimmer, bevor das Baby schlief. 2018 war es nur noch ein Drittel. Das Verhältnis hat sich also umgekehrt.[9]

Auch Eltern brauchen ihren Feierabend

Dass man nicht immer gleich viel Lust auf Einschlafbegleitung hat, ist völlig normal. Schließlich möchten wir Eltern auch irgendwann mal Feierabend haben. Das ist nur verständlich. Die Beine ausstrecken, sich einfach mal nur um die eigenen Bedürfnisse kümmern oder mit dem Partner in Ruhe sprechen, ohne dass ein Kind dazwischenkräht: Es gibt Tage, an denen sehnt man sich noch stärker danach als sonst.

Dafür scheinen Kinder einen siebten Sinn zu haben, denn ausgerechnet an solchen Tagen zögert sich das Einschlafen hinaus, sie stellen tausend Fragen oder müssen fünfmal auf die Toilette oder etwas trinken. Oder kommt es uns an solchen Tagen nur so vor, dass sich das Einschlafen besonders lange hinauszögert? Es ist wohl eine Kombination aus beidem – sicher ist nur: Es ist ganz normal, dass es Tage gibt, an denen einem das Einschlafbegleiten auf die Nerven geht. Das ist kein Grund für schlechtes Gewissen! Eltern sind nun mal keine Roboter und haben auch Bedürfnisse.

Wenn es euch sehr stört, dann ist es auch normal – und kein Grund für ein schlechtes Gewissen. Vielleicht überlegt ihr euch ein anderes Einschlafritual, das für euch besser passt. Das könnt ihr dann ganz sanft einführen. Aber: Schritt für Schritt, ohne Druck. Auf keinen Fall solltet ihr euer Kind schreien lassen. Wichtig ist, dass sich sowohl Kind als auch Mama und Papa wohlfühlen. Es ist auch genauso normal, wenn Mama das Kind mit einem anderen Einschlafritual in den Schlaf begleitet als Papa.

Das gibt Energie bei Schlafmangel

KEIN NÄCHTLICHES AUF-DIE-UHR-SCHAUEN

Schafft eure Digitalwecker ab! Dreht die Uhr um! Lasst das Handy aus! Ignoriert die Frage »Wie spät es jetzt wohl ist?«. Die Uhrzeit zu wissen, setzt nur ein Gedankenkarussell in Gang. Wie lange habe ich noch, bis ich aufstehen muss? Wie viele Stunden habe ich ohne Unterbrechung geschlafen? Ganz ehrlich – die Uhrzeit zu wissen, ändert nichts am Schlafmangel, sondern macht erst richtig wach. Denn wer anfängt zu rechnen, dem fehlt die Ruhe zum Einschlafen.

MÖGLICHST ZÜGIG AUFSTEHEN

Es ist ja so kuschelig unter der Bettdecke! Aber es ist kontraproduktiv, zu oft auf die Schlummertaste zu drücken. Erstens, weil sonst alles hektisch wird. Zweitens, weil man durch diese fünf bis zehn Minuten Herumliegen auch nicht wacher wird. Es bringt mehr, den Kreislauf in Schwung zu bringen und endlich aufzustehen.

LICHT AN, FENSTER AUF, TIEF DURCHATMEN

Licht an. Schon beim ersten Weckerklingeln. Dann wird der Körper schon mal wach. Nach dem Aufstehen ab ans Fenster, aufmachen, egal wie kalt, tief die frische Luft einatmen. Dazu Arme kreisen und ein paar Mal auf die Zehenspitzen stellen, um den Kreislauf anzuregen.

KALTES WASSER INS GESICHT

Nach dem Zähneputzen kaltes Wasser ins Gesicht und auf die Handgelenke zu geben, erfrischt sofort.

SO FRÜH WIE MÖGLICH AN DIE FRISCHE LUFT

Den Spaziergang so früh wie möglich auf den Tag legen. Frische Luft hilft, den Kopf freizubekommen. Bricht das Nachmittagstief herein, hilft ein erneuter Spaziergang.

WARMES WASSER MIT ZITRONENSAFT

Vor dem Frühstück hilft ein Ritual aus dem Ayurveda: ein Glas lauwarmes Wasser mit dem Saft einer halben Zitrone auf nüchternen Magen trinken. Das soll entgiftend wirken, man hat sofort den Flüssigkeitsspeicher aufgefüllt und eine erste Dosis Vitamin C aufgenommen, um das Immunsystem zu stärken.

YOGA-SONNENGRUSS

Yoga ist nicht nur gut für die Muskeln und den After-Baby-Body, es macht auch wach und ausgeglichener. Den Sonnengruß kann man immer mal wieder schnell einschieben, um den Kreislauf anzuregen.

PFEFFERMINZÖL AUF DEN SCHLÄFEN

Müdigkeit ist oft mit Kopfschmerzen verbunden. Gegen diese helfen, einer Studie der Schmerzklinik Kiel zufolge,[10] ein paar Tropfen Pfefferminzöl auf den Schläfen genauso gut wie Schmerzmittel.

GUTE MUSIK HÖREN, TANZEN UND SINGEN

Wenn es gar nicht geht, ihr sooo müde seid und der Schlafmangel allzu doll wird – dreht die Musik auf! Tanzt dazu! Singt! Das macht Laune und sorgt für Ablenkung.

VIEL TRINKEN

Nicht nur Kaffee und grünen Tee. Der Körper braucht Flüssigkeit. Anregend wirkt auch Ingwerwasser.

BEWUSSTES ATMEN

Immer mal wieder bewusst ein- und ausatmen versorgt den Körper mit extra viel Sauerstoff – was sofort wacher macht. Das tiefe Atmen kann in den Alltag eingebaut werden, besonders, wenn es stressig wird.

MIT DEN KINDERN INS BETT GEHEN

Wird der Schlafmangel zu groß, hilft nur noch: mit den Kindern zusammen ab ins Bett! In ganz schlimmen Wochen auch mehrmals die Woche. Es ändert in unruhigen Phasen zwar nichts am Aufwachrhythmus, aber die Gesamtschlafzeit ist länger.

DENKT DRAN: IHR SEID NICHT ALLEIN!

Und wenn ihr nachts wach liegt oder tagsüber in den Seilen hängt, denkt daran: Überall sind Mamas (und Papas), die genauso unter Schlafmangel leiden, nachts im Zweistundentakt stillen oder die Flasche geben. Geteiltes Leid ist halbes Leid!

SIND DIE KINDER KLEIN, MÜSSEN WIR IHNEN HELFEN, WURZELN ZU FASSEN. SIND SIE ABER GROß GEWORDEN, MÜSSEN WIR IHNEN FLÜGEL REICHEN.

INDISCHES SPRICHWORT

Plötzlich sind sie groß!

»Alleine!«, sagt mein Sohn und will von meinem Arm runter. Allein, die steile Treppe? Die Stufen sind so schief und abgetreten, das Holz nass vom Regen und überhaupt, es geht ganz schön steil nach oben! Er hat doch gerade erst laufen gelernt, sagt mein banges Mutterherz. Am liebsten würde ich ihn tragen, ihn sicher bei mir haben. Andererseits: Wie soll er es lernen, wenn ich ihn immer trage? Seufzend stelle ich ihn hin und staune, wie selbstsicher er die Stufen zum Rutschturm hochsteigt. Noch wacklig und langsam, aber er kann es. Besser als ich dachte. Ich steige hinterher und breite meine Hände aus, ohne ihn zu berühren. Aber eigentlich braucht er das gar nicht. Er kann es und es wird von Mal zu Mal sicherer.

»Alleine!«, ruft meine Tochter und schüttelt meine Hand ab. Sie will allein ihre Schuhe anziehen. Kämpft damit, ihren Fuß in den Schuh zu zwängen, startet dann den Zweikampf mit dem Klettverschluss, lässt sich aber nicht entmutigen, bis sie stolz vor mir steht. »Fertig!« Okay, sie hat die Schuhe falsch herum angezogen – wieso machen das eigentlich alle Kinder so?! Aber sie hat es ganz allein geschafft und strahlt über das ganze Gesicht.

»Alleine!«, sagt mein Sohn und schultert seinen Schulranzen. Er möchte allein zur Schule laufen. Zum ersten Mal. Tausend Gedanken schießen mir durch den Kopf: Was, wenn ein Auto die rote Ampel übersieht? Was, wenn er von einem Fahrradfahrer gerammt wird? Was, wenn er angesprochen wird? Was, wenn er sich verläuft? Und wird er überhaupt pünktlich kommen? Andererseits: Wir sind den Schulweg so oft gemeinsam gegangen. Ich habe ihn schon so oft vorgehen lassen und mit Abstand beobachtet, wie er es macht. Er kann es. Also lasse ich es zu. Und stelle mich den Gedanken und Sorgen, die mich den ganzen Vormittag umtreiben, bis er endlich wieder vor der Tür steht. Mit einem breiten Grinsen auf dem Gesicht, sichtlich um einige Zentimeter gewachsen: »Jetzt gehe ich immer alleine!«

Am liebsten würden wir Eltern unsere Kinder behüten. Vor allem Bösen in der Welt. Ihnen alle Herausforderungen aus dem Weg räumen. Am liebsten würden wir sie von allen Problemen fernhalten, für sie einspringen, wenn es schwierig wird, sie auffangen, wenn sie zu hoch klettern, hinter ihnen stehen bei jedem Schritt, den sie zu gehen lernen. Es ist nur natürlich, dass Eltern ihre Kinder vor schlechten Erfahrungen bewahren möchten. Denn wer möchte sein Kind schon zweifeln oder gar an einer Herausforderung scheitern sehen? Aber auch wenn wir nur das Beste für unsere Kinder wollen, ist genau dieses Verhalten nicht das Beste für sie. Wir können ihnen nicht alle Hindernisse aus dem Weg räumen. Wir können nicht immer da sein, um unsere Kinder aufzufangen.

Genauso wenig, wie wir alle Hindernisse aus dem Weg räumen sollten, sollten wir unsere Kinder am Fehlermachen hindern. Denn Fehler gehören zum Leben und Eltern sollten ihren Kindern zugestehen, Fehler zu machen. Das beste Beispiel sind Hausaufgaben: Wenn Eltern ihren Kindern immer die Hausaufgaben abnehmen, dann bekommen die Kinder zwar keine schlechte Hausaufgabennote – aber sie lernen auch nicht, die Aufgaben selbst zu erledigen. Vielleicht ersparen wir unseren Kindern eine unangenehme Situation, aber es macht stark, wenn man es aus eigener Kraft aus schwierigen Situationen herausschafft. »Aus Fehlern lernt man« ist mehr als nur ein Sprichwort. Denn je öfter Eltern Kindern etwas abnehmen, umso mehr wird es zur Gewohnheit, die mit zunehmendem Alter immer schwieriger abzulegen ist. Oder will ernsthaft jemand einem Zehntklässler das vergessene Matheheft in die Schule hinterhertragen?

Überbehütung und Freiheiten

Die Balance zwischen Überbehütung und Freilassen zu finden ist nicht immer einfach. Auf die eigene innere Stimme zu hören ist etwas, das Eltern erst lernen müssen. Wie viel Risiko nimmt man in Kauf? Ich habe gemerkt, dass ich bei jedem Kind mehr Risiko in Kauf genommen habe, auch weil ich es einfach besser einschätzen konnte. Es ist ein Lernprozess, durch den Eltern gehen. Bei meinen drei Kindern hat dieser Lernprozess zur Folge gehabt, dass der Zweitgeborene mutiger ist als der Erstgeborene – und die kleine Schwester noch einmal draufgängerischer als ihre großen Brüder. Hatte ich beim ersten Kind noch ständig den Gedanken im Hinterkopf, es vor jeglichen blauen Flecken und Verletzungen bewahren zu wollen, hatte ich beim zweiten und dritten Kind gelernt, dass das gar nicht möglich ist. Und auch nicht nötig. Natürlich möchte keine Mutter ihr Kind vor Schmerzen weinen sehen – aber wir können nicht jedes aufgeschlagene Knie verhindern, es sei denn, wir nehmen unserem Kind ganz grundsätzliche Erfahrungen. Kinder müssen eigene Erfahrungen machen, eigene Grenzen kennenlernen und Ängste überwinden. Diese Erfahrungen stärken das Selbstbewusstsein und machen Kinder stark. Überbehütung macht unsicher und bequem.

Negative Gefühle und Rückschläge

Ebenso wenig wie wir unseren Kindern Herausforderungen ersparen können, können wir ihnen alle negativen Gefühle ersparen. Kinder müssen lernen, wie man mit Langeweile umgeht. Kinder müssen
lernen, wie man mit Enttäuschungen umgeht. Kinder müssen lernen,
wie man mit Misserfolg umgeht. Das alles gehört zum Leben dazu.
Die Aufgabe von Eltern ist es nicht, diese negativen Gefühle von ihnen fernzuhalten, sondern sie dabei zu unterstützen, mit diesen Gefühlen umzugehen. Dabei hilft es zum Beispiel, diese Gefühle zu benennen. Das kann schon bei ganz kleinen Kindern geschehen, indem
wir ihre Gefühle in Worte fassen: »Du bist jetzt enttäuscht, dass es
kein Eis mehr gab.« Oder beim Bilderbuchanschauen: »Schau mal, der
kleine Junge ärgert sich, dass ihm das Mädchen das Pferd weggenommen hat.« Wichtig ist dabei, dass wir negative Gefühle nicht schönreden, sondern ernst nehmen und Empathie zeigen.

»Wir lieben dich so, wie du bist, bedingungslos«: Diese Botschaft
sollten Eltern an ihre Kinder aussenden. Kindern haben ein Recht
darauf, ihre eigenen Gedanken und Gefühle zu leben. Sie sind keine
Abziehbildchen, sondern Individuen mit ganz eigenen Empfindun-
gen und eben deshalb sollten wir Eltern unsere Kinder nicht in Rol-
len pressen.

Wie viel gefördert ist genug gefördert?

Sie laufen immer noch. Nun seit fast einer Stunde. Der Vater und sein
gerade mal ein Jahr altes Kind. Unermüdlich drehen sie ihre Runde über
den Spielplatz. Er hält sein Kind an den Händen und läuft in gebückter
Haltung mit seinem tapsenden Einjährigen im Kreis. Immer wieder. Ge-
duldig hält er ihn an den Händen, fängt ihn auf, wenn er das Gleichge-
wicht verliert. »Er ist ja nun schon ein Jahr und kann immer noch nicht
laufen«, erzählt der Vater. Aber es gehe doch schon so gut. Da müsse

man einfach ein bisschen üben. Also übt er. Und übt. Nicht nur an diesem Nachmittag. Auch an vielen anderen Nachmittagen drehen er und sein Sohn ihre Runden über den Spielplatz.

Doch der Sohnemann will einfach nicht allein laufen lernen. Eines Tages mit fast zwei Jahren macht er seine ersten Schritte auf eigene Faust. Erst unsicher. Und dann immer besser. Als ich die beiden sechs Jahre später wiedertraf, war der Junge gerade Sieger bei den Bundesjugendspielen geworden.

—— Das Gras wächst nicht schneller, wenn man daran zieht. ——

Afrikanisches Sprichwort

Wir Menschen lernen nie wieder so schnell wie in unseren ersten Lebensjahren. Das Tempo, in dem sich das Babygehirn entwickelt, ist atemberaubend. So hat ein menschliches Gehirn bei der Geburt über 100 Milliarden Neuronen. So viele Nervenzellen wie Sterne in der Milchstraße, vergleicht Hartmut Kasten anschaulich in seinem Buch »0–3 Jahre«. Die Nervenzellen sind am Anfang durch mehr als 50 Billionen Synapsen miteinander verknüpft. Das allein ist schon eine unvorstellbare Zahl – die sich in den ersten Lebensmonaten aber noch weiter verzwanzigfacht! Abhängig von den Erfahrungen, die ein Baby macht, sind es mit etwa acht Monaten mehr als 1000 Billionen Synapsen, die die Neuronen im Gehirn miteinander verbinden.

Für die Entwicklung des Gehirns brauchen Babys vielfältige Erfahrungen und Anregungen – aber dafür benötigen sie keine speziellen Baby-Förderkurse. Der Alltag mit den Eltern und auch anderen Kindern bietet viele verschiedene Anregungen, durch die Babys lernen. Unsere Aufgabe als Eltern ist es, unsere Kinder an unserem Alltag teilhaben zu lassen. Sie lernen durch Nachahmen und Beobachten. Wenn wir sie also in normale Tätigkeiten wie Abwaschen oder Blumengießen miteinbeziehen, unterstützt sie das in ihrer Entwicklung. Und wenn sie erste kleine Tätigkeiten selbst übernehmen können, stärkt es außerdem ihr Selbstbewusstsein. Kinder können mehr, als wir manchmal glauben – wir können ihnen ruhig etwas zutrauen! Aber können wir diese Entwicklung nicht durch ein bisschen Förderung noch beschleunigen? Und was ist mit diesen Zeitfenstern, die sich schließen könnten?

Das Bild vom Gras, das nicht schneller wächst, wenn man daran zieht, kann man ohne Weiteres auf Kinder übertragen, mahnt der Kinderarzt Remo Largo: Wenn man zu sehr am Gras zieht, dann rupft man es heraus und beschädigt die Wurzeln. Viel wichtiger, als Kinder von klein auf in diverse gut gemeinte Förderkurse zu stecken, sei es, sie die notwendigen entwicklungspsychologischen Erfahrungen machen zu lassen. Die Elternaufgabe sei dabei, für das körperliche und psychische Wohl des Kindes zu sorgen.[11]

Bei den meisten Meilensteinen der kindlichen Entwicklung können Eltern das Tempo der Kinder auch nicht nennenswert beeinflussen, denn die Zeitpunkte für die Entwicklungsfortschritte sind angeboren. So muss zum Beispiel beim Trockenwerden, Sprechenlernen oder Laufenlernen eine bestimmte körperliche Reife gegeben sein – und wann das so weit ist, ist bei jedem Kind anders. Die Zeitspannen sind dabei groß, denn, wie drückt es Remo Largo in »Kinderjahre« so schön aus: »Das Normale an der kindlichen Entwicklung ist Vielfalt.« Denn nicht nur bei der Körpergröße und dem Gewicht liegen die Ober- und Untergrenzen für eine gesunde Entwicklung weit auseinander, sondern auch bei der Geschwindigkeit, mit der sich Kinder in den ersten Monaten und Jahren entwickeln.

Töpfchentraining – muss das sein?

»Habt ihr schon mit dem Töpfchentraining angefangen?« ist so eine Frage, die vielen Eltern irgendwann einmal gestellt wird. Dabei wirkt gerade beim Thema Trockenwerden Druck kontraproduktiv und kann den Lernprozess sogar hinauszögern. Das kindliche Gehirn ist erst mit zwei oder zweieinhalb Jahren fähig, die Ausscheidungen zu kontrollieren – und überhaupt zu verstehen, was da gerade im eigenen Körper passiert. Wichtiger, als engagiert mit dem Töpfchentraining anzufangen, ist es, die Signale des Kindes zu beobachten: Wie reagiert es, wenn es in die Windel macht? Irgendwann kommt der Zeitpunkt, zu dem das Kind nicht einfach in die Windel pinkelt, sondern anfängt, sich dafür zurückzuziehen. Das ist eines der ersten Zeichen, dass dem Kind bewusst wird, dass da gerade etwas in seinem Körper passiert. Zeigt es an, dass es in die Windel gemacht hat? Dann kann man zum Beispiel die Windel weglassen und das Kind mal nackig rumflitzen lassen – wofür sich natürlich die Sommermonate oder eine warme Wohnung anbieten. Das Töpfchen kann dabei schon mal im Raum bereitstehen.

Unterstützt euer Kind ruhig, geduldig, Schritt für Schritt, ohne Tadel und auch ohne übermäßiges Lob auf seinem Weg. Was ebenfalls hilft, ist das gute Vorbild: Also die Tür zum Klo nicht schließen. Die richtige Kleidung, die sich Kinder schnell und einfach selbst ausziehen können, wenn es aufs Töpfchen geht, sorgt für Erfolgserlebnisse und fördert die Selbständigkeit.

Lässt sich das Laufenlernen beschleunigen?

Auch beim Laufenlernen hat jedes Kind seinen eigenen Zeitpunkt für den ersten Schritt und sein eigenes Tempo. Die ersten Schritte allein gehen Kinder im Schnitt zwischen 10 und 20 Monaten – diese große Zeitspanne zeigt schon, wie individuell die Entwicklung von Kleinkindern ist. Und – es ist ganz wichtig, es immer zu betonen – ob die Kinder früh oder spät anfangen zu laufen, sagt nichts über die Intelligenz der Kinder aus. Keine Sorge, liebe Eltern, wenn ihr einen Spät-Läufer zuhause habt: Niemand wird im Einstellungsgespräch danach gefragt, wann er denn laufen konnte oder zum ersten Mal auf dem Topf war!

Für bestimmte Entwicklungsfortschritte müssen die biologischen Voraussetzungen vorliegen, das heißt die Reifung der entsprechenden

Großhirnareale muss abgeschlossen sein. Gezielte Motorikübungen in den ersten zwei Lebensjahren bringen also bei sich normal entwickelnden Kindern nichts. Handelt es sich um gravierende Entwicklungsverzögerungen oder Behinderungen, wird euch der Kinderarzt auf entsprechenden Handlungsbedarf hinweisen.[12] Erst ab dem dritten Lebensjahr können zum Beispiel durch bestimmte Sportarten körperliche Fähigkeiten trainiert werden.

Zu früh das Laufen zu trainieren, kann übrigens auch kontraproduktiv sein. Denn wenn das Laufen geübt wird, bevor das Kind von sich aus so weit ist, hat es kein Gefühl, die Dinge selbst unter Kontrolle zu haben. Das kann dazu führen, dass der Glaube und das Vertrauen in die eigenen Fähigkeiten erschüttert werden. Was daraus im schlimmsten Fall folgt: Selbstzweifel statt Erfolgserlebnis. Wenn das Kind aber die ersten Schritte von sich aus dann macht, wenn es dazu muskulär und geistig bereit ist, ohne von außen gedrängt zu werden, dann stärkt dies sein Selbstvertrauen. Was Eltern tun können? Das Kind geduldig bestärken und in einem geschützten Raum üben lassen. Und es auffangen, wenn es zu gefährlich wird. Deshalb ist es so wichtig, darauf zu achten, wie weit und bereit das Kind schon ist.

Wann darf das Baby allein sitzen?

Dasselbe gilt für das Sitzenüben. Viele Eltern neigen dazu, ihre Kinder schon früh aufrecht hinzusetzen. Doch auch wenn das Baby zufrieden gestützt sitzt und die Welt aus der neuen Perspektive betrachtet, solltet ihr euer Kind nicht zu früh zum Sitzen bringen. Denn solange das Baby nicht aus eigener Kraft in den Sitz kommt und auch aufrecht sitzen bleiben kann, sind Muskeln, Wirbelsäule und Gelenke schlicht überfordert. Genauso wie das Gehirn: Dem Kind fällt es schwer zu verstehen, wie es in diese Position kam und wie es wieder herauskommt. Deshalb sollten Babys auch nicht zu lange passiv in einer Babyschale oder einem Kinderhochstuhl sitzen. Übrigens: Wenn ihr euer Baby beim Essen auf den Schoß nehmt, ist das kein Problem, denn da sitzt es nicht in einer starren Position.

Bei der Entwicklung der Motorik können Eltern ihre Kinder dadurch unterstützen, dass sie ihnen viele verschiedene Möglichkeiten geben, sich zu bewegen, unterschiedliche Untergründe kennenzulernen und auch an Grenzen zu gehen. Babys sollten so viel wie möglich liegen und strampeln – im wachen Zustand auch immer wieder in der Bauchlage, denn so können sie zum Beispiel durch Köpfchenheben und die ersten Drehversuche ihre Rückenmuskulatur stärken.

Besonders gut ist für Kinder das Bewegen an der frischen Luft: Das Laufen durch Wald und Wiese zum Beispiel trainiert das Gleichgewicht, denn mit jedem Schritt über unebenen Boden muss das Gleichgewicht neu hergestellt werden. Dabei werden auch viele unterschiedliche Muskeln angeregt. Und wenn die Motorik so trainiert wird, wird auch gleichzeitig das Verständnis für die Dreidimensionalität gestärkt, das Kind erfährt seinen Körper, seine Ausmaße und Grenzen. Wir dürfen nicht vergessen: Die Motorik des Menschen hat sich über Zehntausende von Jahren in der Natur entwickelt und nicht in geschlossenen, kindersicheren Räumen oder auf ebenen Asphaltböden. Deshalb keine Scheu, auch die ganz Kleinen mal auf einer Wiese oder am Strand krabbeln zu lassen!

Wie lernen Kinder sprechen?

Auch das Tempo, in dem Kinder sprechen lernen, ist ganz individuell. Selbst unter den gleichen Bedingungen lernen nicht alle Kinder gleich schnell. Auch zwischen Jungen und Mädchen gibt es Unterschiede: Mädchen sind generell eher sprachorientiert als Jungen – aber nicht alle.

Beim Spracherwerb geht übrigens der passive Wortschatz dem aktiven voraus. Die ersten Wörter und Redewendungen verstehen Kinder schon im Altern von sieben Monaten. Die ersten Wörter im passiven Wortschatz sind fast immer »Mama« und »Papa« (und dann ganz oft auch die ersten Wörter, die das Kind spricht). Manche Kinder haben schon im Alter von zehn Monaten einen passiven Wortschatz von hundert Wörtern! Im zweiten Lebensjahr explodiert der Wortschatz dann geradezu und die ersten Zweiwortsätze kommen hinzu.[13]

Wie viel Spielzeug darf es sein?

Auch Spielzeug kann die Entwicklung der Kinder fördern – wobei hier weniger wirklich mehr ist. Denn von zu viel Spielzeug sind Kinder schnell überfordert: Das Phänomen »Kind sitzt im vollen Kinderzimmer und weiß nicht, was es spielen soll« kennen viele Eltern. Deshalb ist es am besten, immer wieder auszusortieren oder auch turnusmäßig Spielsachen auf dem Dachboden zwischenzulagern und auszutauschen. Beim Spielzeug gilt jedoch auch: Es muss nicht immer

Spielerische Unterstützung beim Sprechenlernen

Auch wenn jedes Kind sein eigenes Tempo beim Sprechenlernen hat, können Eltern ihre Kinder dabei unterstützen. Nicht mit Druck und Training, sondern ganz spielerisch. Bezieht eure Kinder in Gespräche und den Alltag mit ein und erklärt zum Bespiel, was ihr gerade tut, auch schon ganz kleinen Kindern und Babys. Ebenfalls fördernd ist es, wenn ihr zusammen Bücher anschaut, zusammen singt oder reimt und eure Kinder mit anderen Kindern spielen lasst. Je größer die Interaktion, desto schneller wächst der Sprachschatz. Kleinkinder wollen sprechen, sich austauschen und Fragen stellen. Unsere Aufgabe ist es, auf dieses Bedürfnis einzugehen.

pädagogisch wertvoll sein! Kinder lieben blinkendes und lärmendes Plastikspielzeug – zum Leidwesen vieler Eltern. Wir hatten die tollsten Holzautos und Bauklötze, aber sie lagen achtlos im Zimmer, denn der eigentliche Star war ein lautes, leuchtendes Plastikmüllauto. Jahrelang. Bei allen drei Kindern.

Spielzeug darf auch einfach nur der Unterhaltung dienen, genauso wie Bücher oder Kinderfilme. Die Mischung macht es – wie letztlich immer im Leben. Neben Bausteinen oder auch Legos, die die Fantasie anregen, können ohne Problem lärmende Plastikspielzeuge stehen. Die übrigens, wenn man den Kindern freie Hand lässt, auch durchaus auf kreative Weise zum Einsatz kommen können.

Lasst die Kinder spielen!

»Talentförderung ab 3 Jahren« steht an der Tür der Musikschule, in die Emma jeden Donnerstagnachmittag geht. Sie ist vier Jahre alt und geht mittwochs außerdem zum »Malkurs ab drei Jahren« und dienstags zum Kinderturnen sowie am Montag zum »Kindertanzen ab drei Jahren«. Deshalb habe sie nur freitags Zeit zum Spielen, erzählt ihre Mutter. Aber da auch nicht immer, denn dann habe die große Schwester Reitunterricht und müsse zum Reitstall gefahren werden.

Immer mehr Eltern zücken den Terminkalender, wenn man ein PlayDate für die Kinder ausmachen möchte. Gar nicht so leicht, einen Termin zu finden, wenn Klein-Emma jeden Tag einen ihrer Kurse hat! »Aber die Zeitfenster, die sich schließen! Nie wieder lernt sie so leicht ...«, sagt die Mutter entschuldigend. Außerdem machen das doch alle. Wenn dann die Tochter in die Schule kommt und als Einzige kein Instrument spielen kann, wie sieht das denn aus?

Eltern von heute gleichen immer häufiger Managern ihrer Kinder, die Termine organisieren, Leistungen abfragen und Zielvereinbarungen treffen. Sie haben einen Plan für ihr Kind und der muss eingehalten werden. Die Frage ist: Wo auf diesem Plan steht das Wörtchen »spielen«? Für Klein-Emma steht es in drei Wochen auf dem Plan. Da fällt der Malkurs aus und sie hätte zwei Stunden Zeit zum Spielen, aber nicht länger, denn danach muss sie noch Blockflöte üben.

—— Was du mir sagst, das vergesse ich. Was du mir zeigst, daran erinnere ich mich. Was du mich tun lässt, das verstehe ich. ——

Konfuzius

Kinder brauchen keine Frühförderung oder Talentförderung, um ihre Talente zu entfalten. Sie brauchen kein stupides Auswendiglernen und schon gar keinen Druck. Viel wichtiger ist es, dass Kinder eigene Erfahrungen machen und dabei auf eigene Faust Lösungen suchen. Denn jede neue Fähigkeit und Entdeckung löst bei Kindern, insbesondere bei kleinen Kindern, eine Begeisterung über sich selbst aus und über das, was die Welt an Entdeckungen zu bieten hat. Diese Begeisterung bezeichnet der Hirnforscher Gerald Hüther als »Treibstoff« für die weitere Entwicklung des Gehirns.[14]

Wir Erwachsenen kennen das auch: Wenn man sich für eine Sache begeistert, dann lernt man effektiver. Denn das, was einen wirklich interessiert, bleibt besser im Gedächtnis haften. Unsere Aufgabe ist es also, unsere Kinder für Dinge zu begeistern und sie bei ihrer Begeisterung und ihrem Lernen zu ermutigen. Denn wenn sie keine Ermutigung oder Bestätigung erfahren, verschwindet auch ihre Lust daran.

Wichtig ist es, Kinder Erfahrungen selbst machen und sie selbst auf Lösungen kommen zu lassen. Denn nur so werden die Nervenzellen im Gehirn entsprechend verknüpft. Durch diese Verknüpfungen lernen Kinder, Impulse zu kontrollieren, Frust zu ertragen, Handlungen zu planen, Verantwortung zu übernehmen und sich auf eine Sache zu konzentrieren.

Lernen ist aktiv: Der Mensch lernt vor allem durch Ausprobieren. Aber Erwachsene verstehen Üben oft falsch: Es geht nicht darum, immer dieselbe Bewegung zu machen oder einfach nur Seiten auswendig zu lernen, denn so wird Wissen nicht verinnerlicht. Verstehen und Lernen ist dann am effektivsten, wenn das Neue mit bestehendem Wissen verknüpft werden kann. Was logischerweise nur funktioniert, wenn es bereits Wissen und Erfahrungen gibt, auf die das Gehirn zurückgreifen kann.

Kinder lernen besonders vernetzt und gebrauchen dabei ihre sprachlichen, motorischen und kognitiven Kompetenzen gleichzeitig. Der Motor des Lernens ist dabei das Spielen. Doch dafür bleibt im durchgetakteten Alltag oft keine Zeit. Wann sollen Kinder in Ruhe ins freie Spiel finden, wenn sie zwischen Hausaufgaben, Schwimmunterricht, Klavierüben und Zubettgehen kaum eine freie, ungeplante Minute haben?

Zeit für freies Spielen schaffen

Deshalb ist es wichtig, Kinder nicht in ein zeitliches Korsett zu pressen und jeden Nachmittag zu verplanen. Auch wenn Kinder oft Highlights einfordern wie Schwimmengehen oder Minigolf, muss auch Zeit bleiben, einfach mal nichts zu tun. Zeit zum Vertrödeln, Zeit für Freunde, ja, auch Zeit für gepflegte Langeweile. Ganz ohne Animation von Seiten der Eltern. Um ins freie Spiel zu finden, benötigen Kinder Ruhe, Zeit und auch eine gewissen Leere. Wenn wir Eltern sie ständig mit Angeboten und gut gemeinten Vorschlägen überfrachten, können Kinder das freie Spiel auch verlernen und gar nicht erst in diesen Flow finden, der beim freien Spielen entsteht. Die Zahl der Stunden, die Kinder frei spielen können, ist seit den 80er Jahren kontinuierlich zurückgegangen; in dem Maße haben dafür Dinge wie Übergewicht bei Kindern, psychische Störungen und Selbstverletzungen zugenommen.[15]

Das freie Spiel entsteht bei Kindern aus einem inneren Bedürfnis heraus, sich auszudrücken, und aus dem Drang, sich weiterzuentwickeln. Durch das freie Spiel und das damit verbundene eigenständige Bewältigen von Herausforderungen werden Kinder selbstsicherer und lernen, den eigenen Fähigkeiten zu vertrauen. Dadurch wird eine Art Grundgerüst gebildet, auf das die Kinder ihr Leben lang aufbauen.[16] Aber anstatt ihre Kinder einfach mal spielen zu lassen, versuchen viele Eltern, die Zeit möglichst »pädagogisch wertvoll« zu nutzen. Selbst wenn die Kinder freie Zeit haben, wird oftmals versucht, dem Spielen einen »pädagogisch wertvollen« Touch zu verleihen. Da werden Spielzeuge mit dem Prädikat »von Pädagogen empfohlen« gekauft und im Bücherregal häufen sich Sachbücher und Gesellschaftsspiele mit dem Stempel »fördert die Motorik« oder »spielerisch Zahlen lernen«. Bei fast allen Tätigkeiten wird betont, dass man dabei auch etwas lernt oder eine bestimmte Fähigkeit gefördert wird.

Muss das so sein? Nein. Es muss nicht immer alles einen tieferen Sinn haben! Wir Erwachsenen schauen ja auch nicht ausschließlich anspruchsvolle »Arte«-Dokumentationen oder lesen schlaue Sachbücher. Und genauso wie wir uns gerne von einer Serie berieseln lassen oder uns beim Lesen eines seichten Liebesromans aus dem Alltag wegträumen, brauchen Kinder auch ziellose Zerstreuung und Ablenkung. Im Leben geht es schließlich auch ums Genießen! Ums Spaßhaben! Das Praktische bei Kindern: Sie lernen auch beim Spaßhaben und ganz nebenbei beim Spielen. Denn durch das freie Spiel üben sie die entscheidenden Kernkompetenzen ein, zum Beispiel, etwas mit eigenen Mitteln zu schaffen, Kommunikationsfähigkeit, Probleme selbst zu lösen, innovativ zu sein, Teamfähigkeit und Einfühlungsvermögen. Sie lernen, sich auf eine Sache zu konzentrieren und Dinge genau zu beobachten. Nicht zu vergessen: die Kreativität. Wer einmal einem Kind zugeschaut hat, wie es aus einem Pappkarton ein Flugzeug entstehen lässt, der weiß, was ich meine.

Die eigenen Grenzen im Spiel ausloten

Immer und immer wieder testen Kinder ihre eigenen Grenzen aus, klettern beispielsweise auf das höchste Klettergerüst und springen zu unserem Entsetzen auch noch hinab. Eine wichtige Erfahrung, wie ein Versuch von Psychologen in Boston zeigte: Wer kein Risiko eingeht, lernt nämlich nicht, Risiken zu bewältigen. Manchmal wird uns Eltern ganz anders, wenn wir sehen, wie Kinder im Spiel das Risiko geradezu zu suchen scheinen – aber die Natur hat es clever eingerichtet. Denn durch diesen Nervenkitzel beim Klettern auf das hohe Klettergerüst lernen Kinder, ihre Angstgefühle zu regulieren.[17] Ganz automatisch suchen sich Kinder im freien Spiel die Anforderungen aus, die zu ihren Fähigkeiten passen, und lernen so ihren Körper und ihre Möglichkeiten kennen. Dadurch bauen sie Vertrauen in die eigenen Fähigkeiten auf, was der Grundstein für Selbstvertrauen und Selbstsicherheit ist. Durch das Spielen mit anderen Kindern lernen Kinder auch, gemeinsam Schwierigkeiten durchzustehen und einander zu helfen. Das macht Kinder stark, oder wie der britische Psychiater Dr. Mike Shooter es ausdrückt: »Das Spiel ist bei Kindern der Grundstein der Resilienz, was immer das Leben ihnen auch entgegenschleudern mag.«[18]

Mama, ich will spielen

Nach meiner Erinnerung habe ich meine Kindheit vor allem mit Spielen verbracht. Nach den Hausaufgaben ging es an die frische Luft und ich spielte mit den Nachbarskindern, bis es dunkel wurde. Wir tobten durch die Nachbarschaft, ganz ohne Erwachsene, bauten Höhlen, suchten die besten Verstecke oder dachten uns Rollenspiele aus. So viel Leichtigkeit habe ich nie wieder verspürt, so unbeschwert wie in der Kindergarten- und Grundschulzeit habe ich mich nie wieder gefühlt.

Wann ist diese Leichtigkeit aus der Kindheit verschwunden? Wieso haben heutzutage schon Grundschulkinder – und auch nicht wenige Kindergartenkinder – einen Wochenplan, der oft noch nicht einmal einen freien Nachmittag zum Vertrödeln lässt? Wieso müssen schon Erstklässler für die Schule pauken, anstatt den Nachmittag an der frischen Luft zu verbringen?

Je früher, desto besser?

Es herrscht eine Art gesellschaftlicher Konsens, dass Kinder frühestmöglich gefördert und am besten auch von klein auf für Naturwissenschaften begeistert werden sollten. Die Ergebnisse der PISA-Studien Anfang der 2000er Jahre brachten einige Veränderungen mit sich. Doch damit stieg der Druck auf die Kinder – und damit auch auf die Eltern, die ihre Kinder bestmöglich fördern wollen. Vorbereitung auf die Schule, auf das Studium, auf den Beruf – und alles natürlich bestmöglich! Der Spaß in Schule und sogar schon im Kindergarten blieb bei all diesen Fördergedanken viel zu oft auf der Strecke.

Dabei ist es doch, wie oben beschrieben, erwiesen, dass wir besser und nachhaltiger lernen, wenn wir uns für eine Sache begeistern. In einem entspannten und glücklichen Zustand ist das Gehirn aufnahmebereiter. Kinder bringen eine angeborene Neugier mit sich: auf das Leben, auf die Umwelt, auf neues Wissen. Sie wollen lernen, sie wollen entdecken, sie wollen Fortschritte machen. Und damit bringen Kinder von Geburt an die Voraussetzungen für das Lernen mit. Eigentlich müssen Eltern gar nicht viel tun, um ihre Kinder zum Lernen zu motivieren. Eigentlich. Der Kinderarzt Remo H. Largo schreibt dazu in seinem Buch »Schülerjahre«: »Das Kind entwickelt sich aus sich selbst heraus, solange sein körperliches und psychisches Wohlbefinden gewährleistet ist und es die notwendigen entwicklungsspezifischen Erfahrungen machen kann.« Dabei suche sich ein Kind eben jene Erfahrungen aus, die an sein Verständnis anknüpften und es vergrößerten.

Wie können wir unsere Kinder beim Lernen unterstützen?

Indem wir die Autonomie unserer Kinder unterstützen und ihnen etwas zutrauen. Dabei sollten Eltern ihren Kindern die Zeit geben, die sie benötigen. Wie bereits erwähnt hat jedes Kind sein eigenes Tempo. Das Zutrauen beginnt im Alltag: Schon früh können Eltern ihren Kindern kleine Aufgaben übertragen. Je älter Kinder werden, umso mehr sollten sie selbst erledigen und dabei auch vor kleine Herausforderungen gestellt werden. Sagt also: »Versuch mal, ob du die Flasche selbst öffnen und dir die Milch alleine einschenken kannst«, statt dem Kind alles abzunehmen. Dabei gilt es auch, es dem Kind zu überlassen, eigene Lösungswege zu finden, auch wenn diese nicht immer direkt zum Ziel führen. Manchmal juckt es einem in den Fingern! Aber trotzdem sollten wir unseren Kindern die Gelegenheit geben, Herausforderungen zu meistern. Auch wenn es oft länger dauert und die Umwege manchmal abenteuerlich erscheinen. Geduld ist gefragt!

Genauso ist aber auch Nachsicht mit uns selbst gefragt. Niemand ist perfekt und es ist völlig normal, dass Eltern diese Geduld nicht in jeder Situation aufbringen. Manchmal hat man es nun mal zu eilig, um darauf zu warten, bis das Kind die Schuhe allein angezogen hat – dann darf man es auch mal übernehmen. Ohne schlechtes Gewissen! Denn Busfahrpläne, Kinderarzttermine oder der Schulbeginn richten sich nun mal nicht danach, wie lange es dauert, bis Schuhe und Jacke angezogen sind.

Loben – die richtige Dosis macht's

Und wie ist es mit dem Loben? Kann das nicht die Kinder motivieren, sich ein wenig mehr anzustrengen? Die Dosis macht es. Wie so oft. Zu wenig loben ist nicht gut – denn immer nur Kritik und Verbessern lässt im Kind das Gefühl entstehen: »Ich bin nie gut genug, egal, wie doll ich mich anstrenge.« Zu viel loben ist jedoch auch kontraproduktiv. Richtiges Lob kann motivieren, aber es sollte nicht zur Manipulation eingesetzt werden. Es ist wichtig, dass Kinder nicht das Gefühl bekommen, dass sie nur geliebt werden, wenn sie eine bestimmte Leistung erbringen. Denn die Liebe von Eltern zu ihren Kindern und umgekehrt sollte vor allem eines sein: bedingungslos.

Generell geht es beim Loben nicht darum, dass Ergebnis zu loben (also zum Beispiel die gute Note), sondern den Weg dahin, die Anstrengung (bei diesem Beispiel also das Lernen vor der Arbeit). Ein plattes »So ein schönes Bild!« durchschauen unsere Kinder schnell als das, was es ist: ein Automatismus. Ein automatisches Loben, ohne genau hingeschaut zu haben. Schaut genau hin und lobt Details, also bei einem Bild zum Beispiel »Du hast aber ein schönes leuchtendes Rot benutzt« oder »Die Fische sehen ja richtig echt aus.« Wenn Kinder uns zum Beispiel auf dem Spielplatz zurufen: »Guck mal, wie hoch ich bin!«, dann wollen sie kein lahmes »Super gemacht« hören, sondern unsere Aufmerksamkeit. Die muss gar kein Begeisterungssturm sein, aber eben auch kein »Toll!«-Ruf, während wir weiter auf unser Handy starren. Stattdessen ist es besser, »Ich sehe dich, ganz schön hoch bist du« oder »Sehe ich schon ganz klein aus?« zu rufen, um zu zeigen, dass man sein Kind wirklich wahrgenommen hat.

Mit der Schule kommt der Druck

In der Kindergartenzeit ist es noch einfach, sich als Eltern dem Förderdruck zu entziehen. Doch mit der Einschulung kommt ein ganz neuer Druck von außen dazu: die Erwartungen der Lehrer. Auch wenn in den meisten Fällen die Schule mittlerweile spielerisch beginnt und es noch nicht mit Noten losgeht, schwebt über allem doch ein unausgesprochenes »In der vierten Klasse geht es um die Wurst«. Nämlich um die Empfehlung für die weiterführende Schule. Klar, dass Eltern das Bestmögliche für ihre Kinder wollen. Aber wieso ist heute ein »Befriedigend« nicht mehr befriedigend? Und ein »Gut« nicht mehr gut genug? Der Druck wird an die Schüler weitergegeben – das beginnt oft schon im Vorschuljahr, wo die Kinder mit Vorschulheften die Buchstaben und Zahlen lernen, als wäre das Voraussetzung für die Einschulung. Es ist schwer, sich diesem Druck zu entziehen, denn wer möchte schon seinem Kind die Zukunft verbauen?

Leichter geht es, wenn man sich zurücklehnt und die Dinge mit etwas Abstand betrachtet. Natürlich sollten Kinder im Unterricht mitkommen. Und die meisten Kinder müssen auch für Klassenarbeiten lernen. Aber wenn dazu noch Druck vom Elternhaus kommt, Nachhilfe, wo eigentlich keine Nachhilfe nötig ist, Strafen für schlechte Noten und Lernen, damit aus einer Zwei eine Eins wird: Dann schlägt Gutes ins Gutgemeinte, aber nicht Angebrachte um. Wir Eltern sollten uns auch hier ein wenig frei machen von den Erwartungen, auch unseren eigenen. Nein, es spielt keine Rolle, ob der Erstklässler vor den Herbstferien schon lesen kann oder erst nach den Weihnachtsferien! Und nein, es spielt auch keine Rolle, ob er die Zahlen innerhalb eines Monats schreiben lernt oder erst innerhalb von acht Wochen.

Jedes Kind hat sein Tempo – und gerade im Grundschulalter ist die Spanne groß. Grundschullehrer sind es gewohnt, auf diese Unterschiede Rücksicht zu nehmen, und wissen, wie man sie auffängt und angleicht. Eltern dürfen da auch ein Stück weit vertrauen. Helfen und unterstützen ist immer gut – aber wenn das in ein Pauken unter Druck umschlägt, ist es Zeit, einen Gang zurückzuschalten. Das Kind wächst nicht schneller, wenn man daran zieht. Kinder können nicht in ein Schema gepresst werden. Sie brauchen Zeit, Langsamkeit. Zeit, einen Schritt nach dem anderen zu machen, statt alles gleichzeitig tun zu müssen.

Die Schule ist zu oft an den Schwächen der Schüler orientiert: Es werden die Fächer verstärkt geübt, in denen die Schüler eine schlechte Note haben. Es gibt Extrahausaufgaben oder Förderstunden, um schwache Noten zu verbessern. Eltern sollten als Gegenpol besonders die Stärken der Kinder hervorheben. Denn es sind ja gerade die Fächer, in denen die Kinder gut sind, die ihnen besonders Spaß bringen. Diese Stärken sollten wir hervorheben und betonen und die Kinder darin unterstützen, das, was sie interessiert und was sie gut können, noch zu vertiefen. Den Fokus nur auf die Schwächen zu legen, demotiviert. Natürlich ist es wichtig, von einer Fünf in Mathe mit Lernen auf eine Vier zu kommen. Keine Frage. Aber der Fokus sollte nicht nur auf diesen Schwächen liegen. Denn jedes Kind hat Stärken! Auch Lehrer sind hier gefragt: Kann der Schüler mit der Lese-Rechtschreib-Schwäche besonders gut malen? Dann verleiht es ihm Selbstwertgefühl, wenn seine Bilder im Treppenhaus aufgehängt werden. Oder ist der schlechte Rechner ein begnadeter Sänger? Dann kann man ihn beim Schulfest auftreten lassen.

Jedes Kind kann etwas besonders gut

Bei allen Bemühungen, unsere Kinder so gut wie möglich auf das Leben vorzubereiten und für die Schule fit zu machen, sollten wir uns auch immer fragen: Was ist das eigentlich, eine besondere Begabung? Was wir darunter verstehen, hat sich nämlich im Laufe der Jahrhunderte verändert. Tüftelnde Computerexperten wären vor 300 Jahren nicht gefragt gewesen. Und was galt bei den Steinzeitmenschen als begabt? Dieser Blick zeigt, wie relativ es ist, was wir als Begabung bezeichnen. Ist ein Kind, das besonders gut klettern kann, nicht genauso begabt wie eines, das gut rechnen kann? Dasselbe gilt für die sozialen Fähigkeiten: Wer sagt denn, dass das Talent, anderen besonders gut und einfühlsam zuzuhören, nicht genauso ein wichtiges Talent ist wie eine saubere Handschrift? Es ist an der Zeit, die eigenen Ansichten zu überdenken.

Wir können unsere Kinder nicht nach unseren Wünschen formen wie Töpferton. Nur weil wir gerne einen Atomphysiker als Sohn hätten, müssen wir unser Kind nicht stundenlang Physik pauken lassen, wenn er doch viel lieber Pianist oder Journalist werden möchte. Denn am Ende sollte Eltern doch vor allem eines wichtig sein: dass die Kinder glücklich werden. Kinder sollten nicht zu einem Projekt werden, in das wir all unsere Energie stecken. Denn wenn Eltern sie zum

Projekt machen, wird aus der Subjekt-Subjekt-Beziehung eine Subjekt-Objekt-Beziehung – in der das Kind das Objekt ist. Niemand will auf Dauer das Objekt eines anderen sein, betont auch Jesper Juul in »Elterncoaching«. Die Gefahr ist groß, dass sich Eltern über die Leistung ihrer Kinder definieren und diese zu »ihrem Projekt« machen. Was wiederum die Gefahr mit sich bringt, dass auch die Kinder sich nur über diese Leistung definieren oder das Gefühl bekommen, nur wegen dieser Leistung geliebt zu werden.

Von Trotz und Autonomie

Erst kürzlich hatten wir wieder so einen Morgen, der im Nachhinein lustig ist, in dem Moment aber enorm an meinen Nerven zerrte … Alles begann so harmlos. Aufstehen, Frühstück, Anziehen – alles ohne Probleme. Fast schon zu reibungslos, das hätte ich mich eigentlich stutzig machen müssen. Aber sobald ich den Schlüssel in der Tür umgedreht hatte und der Große auf seinem Fahrrad schon bis zur nächsten Straßenecke vorgefahren war, brach der Vulkan aus. Der Kleine schwang sich auf sein Laufrad. Bis hierhin alles noch gut. Aber dann saß er auf dem Laufrad und verzog das Gesicht: »Ich kann so nicht Laufrad fahren.« Bevor ich überhaupt herausfinden konnte, was der Grund war, ging es los: Geschrei. Gezeter. Wildes Umwerfen des Laufrades. Und das, wo wir doch schon so spät dran waren.

Es dauerte eine Weile, eine gefühlte Ewigkeit voller Gezeter und wütender Blicke, bis ich verstand: Er hatte die falsche Unterhose an. Oder die falsche Strumpfhose, ganz genau ließ es sich nicht eruieren. Aber jedenfalls konnte er so nicht Laufrad fahren. Unter keinen Umständen. Schneeanzug auf, Hose richtig hochgezogen, Probe sitzen auf dem Laufrad. Puh. Jetzt ging es. Situation entschärft.

Der Große radelte voraus, der Kleine fuhr mit dem Laufrad und ich sprintete wie immer hinter den beiden her. Zu früh gefreut. An der nächsten Kreuzung wollte der Kleine klingeln und stellte fest: Mit den Handschuhen lässt es sich schlecht klingeln. Der Vulkan brach schnel-

ler aus, als ich »Aber« sagen konnte. Wieder wurde wütend das Laufrad weggepfeffert. Die Handschuhe flogen hinterher. Ein kleiner Wutzwerg stand vor mir und wollte einfach nicht weiterfahren mit einem Laufrad, dessen Klingel man mit Handschuhen nicht bedienen kann.

Meine Lösungsvorschläge liefen ins Leere. Ohne Handschuhe fahren? Zu kalt. Das Argument, er brauche die Klingel doch nicht unbedingt, wurde gar nicht zu Ende angehört. Nein, man kann nicht argumentieren, wenn man so einem Wutzwerg gegenübersteht. Trotzanfall Nummer 2 ließ sich dann mit dem Kompromiss entschärfen, nur einen Handschuh anzuziehen und die Klingelhand freizulassen. Puh.

Fröhlich klingelnd ging es weiter zum Kindergarten, ich war mittlerweile leicht durchgeschwitzt und hoffte, dass nun aber keine Hindernisse mehr im Weg stehen würden. Alles ging gut. Es kam sogar gute Laune auf. Bis der Große sein Fahrrad im Kindergarten einparkte. Und der Kleine sein Laufrad gleich daneben auf den Fahrradständer stellen wollte. Was nicht ging, weil der Reifen zu klein war. Auch nicht mit Gewalt. »Ich will aber!« – und schon setzte die Heulboje ein. Mitleidige Blicke der anderen Mütter, denen ins Gesicht geschrieben stand: »Zum Glück ist es diesmal nicht mein Kind.« Verständnisvolles Nicken. Der Kleine versuchte mit Gewalt, sein Laufrad genauso hinzuparken wie das Rad seines großen Bruders, was einfach technisch nicht möglich war. Der Große zuckte mit den Schultern, sagte: »Ich geh schon mal rein« und verschwand durch den Eingang. – Das sind diese Tage, an denen man den Kaffee vor der Arbeit wirklich gut gebrauchen kann.

—— Geduld und Liebe überwinden alles. ——

Theodor Storm

Meistens geht es mit etwa 18 Monaten los, Mädchen sind eher früher dran. Das eben noch so süße Kleinkind mutiert – scheinbar über Nacht – zum randalierenden, schreienden Wutzwerg. Man hat, gerade beim ersten Kind, noch diese naive Hoffnung, dass das Klischee des im Supermarkt um sich schreienden Kindes wirklich nur ein Klischee ist, das natürlich nicht auf das eigene Kind zutrifft. Und da ist diese ebenfalls sehr naive Hoffnung, dass man selbst diese Situation (in dem natürlich äußerst unwahrscheinlichen Fall des Eintretens) souverän lächelnd und echt cool löst.

Nun, mit der Coolness war es bei mir schnell vorbei, als mein erstes Kind sich schreiend auf den dreckigen Fahrstuhlboden warf, weil jemand anders schneller auf den Knopf gedrückt hatte. Mir schwante damals schon, dass es wohl eher keine Ausnahme war. Die gute Nachricht vorweg: Man gewöhnt sich dran. Und wird tatsächlich bei jedem Wutanfall und jedem Kind gelassener. Und souveräner. Na ja. Zumindest immer häufiger. Nicht immer. Denn, so viel ist klar: Kinder in der Autonomiephase bringen ihre Eltern an den Rand des Wahnsinns. Immer wieder. Ganz ohne böse Absicht.

Das ist wahrscheinlich die wichtigste Erkenntnis bei dieser ganzen Trotz-Sache: Kinder meinen es nicht böse. Wenn wir diese Erkenntnis verinnerlichen, fällt es gleich viel leichter, nicht zu schimpfen, zu meckern oder in Schweiß auszubrechen, wenn ein Wutzwerg sein Laufrad durch die Gegend pfeffert, weil der Handschuh zu dick zum Klingeln ist. Die zweite wichtige Erkenntnis: Es geht allen Eltern so. Und die dritte: Es ist eine Phase und sie geht vorbei.

Woher kommt die Wut?

Wenn kleine Kinder einen Wutanfall bekommen, ist es auch eine Art Hilferuf und vor allem ein Ausdruck der eigenen Wünsche und Gefühle. Sie werden nämlich so sehr von ihren Gefühlen übermannt, dass sie schlicht nicht wissen, wie sie ihre Gefühle, Wünsche, Bedürfnisse sonst ausdrücken sollen. Sie können nicht einordnen, was gerade dieses Gefühl in ihnen auslöst und wie sie ihm begegnen sollen. Die gefürchteten Trotzreaktionen entstehen immer dann, wenn der eigene Wunsch mit den Bedürfnissen der Umwelt kollidiert. Dagegen anzureden oder zu argumentieren, hilft meistens wenig. Auch

Sätze wie »Das ist doch gar nicht schlimm« helfen nicht, denn für das Kind ist es jetzt gerade schlimm, dass es den Ampelknopf nicht selbst drücken durfte.

In der Autonomiephase lernen Kinder, sich selbst als eigene Person mit eigenen Bedürfnissen wahrzunehmen. Mit zwei Jahren sind Kinder noch nicht in der Lage, sich in anderes Denken und Fühlen hineinzuversetzen. Das lernen sie erst im Kindergartenalter. Diese Phase nennt man auch Egozentrismus: Kinder nehmen die Welt nur aus ihrer Perspektive wahr. Sie können sich noch nicht vorstellen, dass die Mitmenschen in derselben Situation andere Gefühle, Gedanken und Bedürfnisse haben.[19]

Wenn Kinder anfangen, Nein zu sagen, dann zeigen sie, dass sie selbständig denken können und sich ihrer eigenen Bedürfnisse bewusst sind. Dieser Prozess ist ein wichtiger Schritt zu Unabhängigkeit und Selbständigkeit – weshalb Eltern auch nicht mit Schimpfen, Unterdrücken oder Bestrafungen reagieren sollten. Die Autonomiephase ist ein wichtiger Entwicklungsschritt und sollte Kindern auch zugestanden werden. Wenn jeder Gefühlsausbruch unterbunden oder gar bestraft wird und Kindern keine eigenen Entscheidungen zugestanden werden, dann lernen Kinder nicht, sich selbst wahrzunehmen, und entwickeln ein schwaches Selbstwertgefühl. Stephan Valentin etwa ermutigt in seinem Buch »Freie Eltern, freie Kinder« dazu, Kindern sichere Grenzen zu setzen, innerhalb deren sie sich aber auch austesten dürfen.

»Empathie« heißt das Zauberwort

Wichtig ist, dass wir uns nicht über unser Kind lustig machen, auch wenn Humor die Situation natürlich entschärfen kann. Aber Sorgen, Schmerzen oder Wut des Kindes sollten Eltern immer ernst nehmen. Es mag vielleicht belanglos erscheinen, dass der Lieblingspulli in der Wäsche ist (es gibt doch noch so viele andere Pullis!), aber für das Kind ist es gerade das größte Problem der Welt. Empathie zeigen ist etwas, das nicht nur in diesen Momenten hilft – Empathie sollten Eltern immer zeigen. Denn damit drücken sie aus, dass sie die Probleme ihrer Kinder ernst nehmen und ihre Gefühle respektieren. Empathie wirkt auch dort, wo logische Argumente nicht weiterführen (und ganz ehrlich: Bei kleinen Wutzwergen kommt man mit Logik meist nicht weiter). Empathische Menschen hören wirklich zu und versuchen, sich in den anderen hineinzuversetzen. Das klappt freilich nicht immer, aber es zeigt, dass man ernsthaft daran interessiert ist und es zumindest versucht, die Dinge aus der Perspektive des anderen zu sehen.

Als Empathie bezeichnet man die Fähigkeit, sich mit den Gefühlen und Gedanken eines anderen Menschen zu identifizieren oder diese nachzuempfinden. Gegenüber Kindern bedeutet das, sich in sie hineinzuversetzen und ihre Perspektive einzunehmen.[20] »Wie fühlt sich mein Kind gerade?« ist dabei die zentrale Frage, die Eltern sich stellen sollten. Zum Beispiel, wenn sich das Kind verletzt hat. Für das Kind ist der Schmerz gerade sehr real, der Fuß, das Knie, das Ohr tut ihm jetzt gerade weh. Vermeintlich tröstende Sätze wie »Das ist doch nicht schlimm« oder gar »Stell dich doch nicht so an« oder »Habe ich es dir nicht gesagt!« helfen nicht – im Gegenteil, sie verursachen im Kind das diffuse Gefühl, nicht verstanden zu werden. Hat ein Kind sich wehgetan oder verletzt, dann braucht es Trost und Mitgefühl und keine schlauen Sprüche. Empathische Eltern hören ihren Kindern zu und akzeptieren sie. Empathie verhindert, dass sich negative Handlungsschemata einprägen.

Trotzdem an Regeln festhalten

Empathie bedeutet jedoch nicht, dass Eltern von ihrem Standpunkt abweichen oder gar »einknicken«. Wenn das Kind beispielsweise keinen Fahrradhelm aufsetzen möchte, dann kann man nicht einlenken und den Helm einfach weglassen, wenn man die Gesundheit des Kindes nicht gefährden möchte. Aber statt zu sagen: »Der Helm bleibt

Leichter durch die Trotzphase

Die Autonomiephase ist eine wichtige Phase im Leben unserer Kinder, die einfach zum Großwerden dazugehört. Eltern müssen den Trotz und die Wut ihres Kindes ein Stück weit aushalten. Wir müssen Verständnis für die enormen und wichtigen Umwälzungen haben, die in diesem Alter im Gehirn unserer Kinder stattfinden, und die Kinder durch diese Zeit liebevoll begleiten. Denn das ist es, was Kinder in diesem Entwicklungsschritt am meisten benötigen: Halt und Verständnis. Das ist zuhause in den eigenen vier Wänden meist einfacher als in der Öffentlichkeit – wer einmal schwitzend die vorwurfsvollen Blicke von Mitmenschen an der Supermarktkasse ertragen musste, weiß, wovon ich spreche.

SCHWIERIGE SITUATIONEN VERMEIDEN

Es ist sicher nichts Verwerfliches daran, den Großeinkauf ohne Kind zu erledigen. Genauso hilft es, wo es geht, das Kind in Entscheidungen mit einzubeziehen und nicht über seinen Kopf hinweg zu entscheiden.

Dabei ist es allerdings wichtig, nicht zu viele Alternativen aufzuzeigen. Also nicht beim Bäcker fragen: »Was möchtest du?« und das Kind mit der Fülle der Auswahl alleinlassen, sondern gezielt fragen: »Möchtest du ein Rosinenbrötchen oder eine Laugenstange?« Dann hat das Kind das Gefühl, es kann mitentscheiden – und wir haben dennoch einen Rahmen vorgegeben, der dem Kind wiederum Sicherheit verleiht.

BEDÜRFNISSE ERNST NEHMEN

Genauso wenig ist es verwerflich, im Fahrstuhl oder an der Ampel darauf zu achten, dass das Kind den Knopf drücken darf. Und nein, man knickt nicht ein oder verweichlicht das Kind, wenn es den Fahrstuhlknopf noch ein weiteres Mal drückt, obwohl bereits jemand anders gedrückt hat! Das ist kein Verwöhnen, sondern es zeigt, dass man das Bedürfnis des Kindes ernst nimmt. Und es passiert ja nichts Schlimmes, wenn das Kind noch mal auf den Ampelknopf drückt, obwohl die Dame neben ihm auch schon gedrückt hat. Wieso sollte man es dem Kind verwehren? In diesem Fall ist Konsequenz nicht angebracht, sondern eher kontraproduktiv.

KINDERWILLEN RESPEKTIEREN

Das ist eine Sache, die Eltern immer wieder überdenken sollten: Sage ich jetzt Nein, nur, weil »man das so macht« oder aus Gewohnheit oder weil ich das Gefühl habe, dass es andere von mir erwarten? Denn wie bei dem Beispiel mit dem Fahrstuhlknopf hat es oft keine schlimmen Folgen, wenn man dem Kind seinen Willen zugesteht. Dann wird halt der Knopf noch mal gedrückt. Oder die Gummistiefel statt der normalen Schuhe angezogen. Oder das Kleid vom Vortag noch mal rausgeholt. Sind es diese Dinge wirklich wert, den eigenen Kopf, also den Eltern-Kopf, durchzusetzen und einen Wutanfall zu provozieren? Nein. Es ist okay, auch mal nachzugeben. So lernen Kinder auch ein Gefühl von Selbstwirksamkeit – ein wichtiges Gefühl, das Kindern hilft, selbstsicher durchs Leben zu gehen und resilienter zu werden. Und wir können uns die Energie für Momente sparen, wo ein Nein wirklich angebracht ist.

GENUG ZEIT EINPLANEN

Wutanfälle lassen sich vorbeugen, indem man Kindern genug Zeit lässt, Dinge zu beenden oder in ihrem Tempo zu erledigen. Dafür solltet ihr immer genug Zeit einplanen, damit es nicht zu hektischen Situationen kommt. So wird die Selbstständigkeit der Kinder geübt. Kinder möchten ihre Fähigkeiten einsetzen. Unterdrückt man diesen Willen aus Bequemlichkeit zu oft, resignieren Kinder irgendwann und verweigern jegliche Eigenständigkeit.

ABLENKEN HILFT

Ist ein Wutanfall im Anflug, kann auch Ablenkung helfen, ihn verpuffen zu lassen, bevor er sich aufgebaut hat. Als meine Tochter klein war, half es, wenn ich in solchen Momenten sagte: »Schau mal, dort fliegt das Wutmonster! Tschüss Wutmonster, guten Flug!« Das verblüffte sie so sehr, dass sie ihre Wut vergaß und mit mir zusammen dem Wutmonster hinterherwinkte. Dieser Trick half uns eine Zeitlang wirklich gut und erleichterte einiges. Natürlich stieg sie irgendwann dahinter … Es kann auch helfen, Kinder zum Beispiel mit einer lustig geformten Wolke oder etwas anderem Überraschendem abzulenken.

auf!«, ist es besser, dem Kind zu zeigen, dass man es versteht und den Widerwillen akzeptiert: »Ich verstehe, dass dich der Kinngurt stört. Ich mag das Gefühl auch nicht.« Besser als ein Satz mit »aber« folgt nun einer mit »allerdings«: »Allerdings darf man ohne Helm nicht Rad fahren.« Das hört sich positiver an als das Wörtchen »aber«, das eher negativ besetzt ist – und gerade kleine Kinder hören es fast so oft wie das Wörtchen »nein«.

Empathisch reagieren bedeutet auch, den Kindern eine eigene Meinung zuzugestehen. Denn das Kind denkt es sich nicht aus, dass ihm gerade nicht kalt ist oder dass es keine Lust hat, in den Wald zu gehen. Wenn das Kind also sagt, dass es keine Lust hat, schon wieder im Wald spazieren zu gehen, dann sollten wir nicht mit einem »Aber da hast du doch immer so viel Spaß« kommen, sondern einfühlsamer reagieren: »Du findest es dort vielleicht langweilig, ich allerdings bin gern im Wald.«

Kindern ihre Gefühle zugestehen

Eine Sache machen viele Eltern reflexhaft: Sie sprechen ihren Kindern Emotionen ab. Wenn das Kind sagt: »Mir ist kalt«, widersprechen wir manchmal ganz automatisch: »Quatsch, es sind 20 Grad. Dir kann gar nicht kalt sein.« Oder: »Ich habe Hunger.« –»Du kannst gar nicht hungrig sein, wir haben doch grad gegessen.« Vergesst nicht: Das Kind nimmt es gerade so wahr. Für das Kind ist das Gefühl wahr. Ihm ist wirklich kalt. Nicht wir entscheiden über den Körper und die Wahrnehmung unserer Kinder, sondern ganz allein sie selbst. Dasselbe gilt beim Trösten des Kindes. Sätze wie »Das ist doch nicht schlimm« oder »Da muss man doch nicht traurig sein« oder »Das tut doch gar nicht weh« sollten sich Eltern verkneifen. Denn für das Kind ist es gerade schlimm, dass der Teddy in der Waschmaschine ist. Das Kind ist gerade traurig, weil die Oma erst morgen Zeit hat. Und das Knie tut ihm nun mal weh, weil es gegen die Tischkante gestoßen ist. Diese Gefühle sind in genau in dem Moment real für das Kind, und das sollten Eltern auch anerkennen und nicht mit einem lapidaren Kommentar abtun. Denn nur so fühlen sich unsere Kinder ernst genommen. Das ist es nämlich, was »auf Augenhöhe« bedeutet – dass wir unsere Kinder ernst nehmen. Auch wenn wir Entscheidungen für sie treffen, nehmen wir ihre Einwände doch ernst und vermitteln ihnen auch das Gefühl, dass wir es tun.

Mit Liebe durch die Trotzphase begleiten

Wie reagiert man am besten in der Paradesituation »Kind schreit den ganzen Supermarkt zusammen, weil es nur eine Packung Gummibärchen gibt«? Da steht man dann nämlich mit diesem dummen Gefühl, als starre einen der ganze Supermarkt an. Als hielten alle gespannt den Atem an, wie in einem Film, um ja nicht zu verpassen, was als Nächstes geschieht. Irgendwie scheinen alle geradezu darauf zu warten, dass man ausflippt, meckert, das Kind packt oder sonst wie aus der Haut fährt. Und eben diesen Gefallen sollte man ihnen nicht tun, diesen Menschen, die schon missbilligend die Mundwinkel herunterziehen und flüstern: »Früher hätte es das aber nicht gegeben, da hätte es ein paar hinter die Ohren gegeben.«

Ich habe mir ein, wie ich finde, recht souveränes Lächeln angewöhnt, dass ich in solchen Momenten aufsetze. Es hilft auch, Blickkontakt zu Verbündeten zu suchen, die einem solidarisch zunicken (denn seien wir doch mal ehrlich, jeder, der selbst kleine Kinder hat, fühlt in so einer Situation mit). Am besten wirkt es, das Kind lächelnd auf den Arm zu nehmen und zur Kasse zu gehen. Ich will mich so verhalten, dass ich mich danach gut fühle – und nicht so, dass die alten Damen bei ihrer nächsten Canasta-Runde etwas zum Tratschen haben.

Viel Liebe, Geduld, Verständnis und manchmal auch nur eine warme Umarmung helfen in der Trotzphase mehr als Meckern oder Drohen. Manche Kinder wollen in diesen Momenten, in denen sie von ihren Gefühlen überrannt werden, nicht berührt werden – auch das ist in Ordnung und sollte toleriert werden. Andere Kinder beruhigen sich, wenn sie in den Arm genommen werden. Was auch immer das Kind gerade braucht, wir sollten ihm auf jeden Fall zeigen: »Ich bin da, ich liebe dich, wie du bist, und ich stehe das mit dir zusammen durch.« Oft hilft es, sich hinzuknien, dem Kind auf Augenhöhe (im wörtlichen und übertragenen Sinn!) zu begegnen und einfach einen Moment abzuwarten. Je nach Situation fällt das mal leichter oder schwerer. Aber es lohnt sich, diese Zeit zu investieren.

Es ist wichtig, sich immer wieder vor Augen zu führen: Kinder sind keine Tyrannen. Sie werden nicht als Egoisten geboren. Sie wollen die Regeln um sie herum annehmen, einen Platz in der Gesellschaft haben. Und sie wollen uns Eltern glücklich und zufrieden machen – wir Menschen sind genetisch darauf gepolt, gute Gefühle zu erzeugen und schlechte zu vermeiden.

Fremdbetreuung ohne schlechtes Gewissen

Am Anfang ist die Kernfamilie. Vater, Mutter, Kind. Und in immer mehr Familien bleibt es heutzutage bei eben jener Kombination. Denn nicht immer wohnen die Großeltern um die Ecke – oder sie stehen selbst noch mitten im Beruf und haben gar keine Zeit, sich an der Betreuung der Kinder zu beteiligen. Dabei brauchen Kinder mehr als nur ein oder zwei Bezugspersonen. Es ist eine normale Entwicklung, dass Kinder immer autonomer werden. Es gehört dazu, dass wir unsere Kinder immer ein Stück weiter loslassen. Von anderen Personen lernen Kinder andere Dinge, durch sie lernen sie auch andere Ansichten kennen. Das ist eine Vielfalt, die wichtig ist für ihre weitere Entwicklung.

—— Es braucht ein Dorf, um ein Kind
großzuziehen. ——

Afrikanisches Sprichwort

In anderen Gegenden der Welt ist es heute noch so, wie es früher auch in Mittteleuropa war: Die ganze erweiterte Familie nimmt am Aufwachsen der Kinder teil, nicht nur die Eltern und die Großeltern. So werden in Asien, Lateinamerika oder Afrika ganz selbstverständlich neben den Großeltern auch Tanten, Onkel, Großtanten, Cousinen und Cousins, Geschwister und auch Freunde nicht nur in die Betreuung, sondern auch in die Erziehung der Kinder einbezogen. Das soziale Netz ist sehr viel größer als hierzulande. So ähnlich war es auch bei uns früher. In den vergangenen Jahren hat sich aber der Trend zur Kernfamilie und vor allem zur Kleinfamilie immer weiter verstärkt. Und das erschwert das Familienleben heutzutage.

Früher war mehr »Dorf« als heute

Wenn die gesamte Last der Betreuung an den Eltern hängenbleibt, ist der Druck immens. Ohne Hilfe, ohne Unterstützung stehen Eltern manchmal ganz allein da. Ein fragiles Netz, das reißt, wenn einer ausfällt. Damit wir nicht allein dastehen, müssen wir unser eigenes Dorf aufbauen. Ganz ohne schlechtes Gewissen. Wir können sie nicht allein meistern, diese große Aufgabe, Kinder großzuziehen und ihnen das Rüstzeug für die große weite Welt mitzugeben. Es ist keine Schande, um Hilfe zu bitten. Und erst recht keine Schande, angebotene Hilfe auch anzunehmen. Noch nie haben Eltern statistisch gesehen so viel Zeit mit ihren Kindern verbracht – und noch nie waren sie gleichzeitig so alleingelassen mit ihrer Verantwortung.

Kinder brauchen unterschiedliche soziale Kontakte

Eltern müssen kein schlechtes Gewissen haben, wenn sie ihre Kinder in die Betreuung geben. Denn um soziale Kompetenzen zu entwickeln, benötigen Kinder verschiedene soziale Erfahrungen mit unterschiedlichen Menschen. Es braucht also mehr zwischenmenschliche Beziehungen als nur die zu den Eltern oder den Großeltern. Wichtig für die kindliche Entwicklung sind vor allem Kinder verschiedenen Alters. So schreibt der Kinderarzt Remo H. Largo ganz ausdrücklich in seinem Klassiker »Babyjahre«: »Es ist hart für Eltern, ist aber deshalb nicht weniger wahr: Mutter und Vater allein können ihrem Kind nicht alle notwendigen Erfahrungen vermitteln. Kinder im Vorschulalter brauchen ausgedehnte und unterschiedliche Erfahrungen mit Erwachsenen und vor allem anderen Kindern.«

Doch immer mehr Kinder hüpfen nachmittags allein auf ihrem Trampolin im Garten herum. Denn es gibt nicht nur immer mehr Einkindfamilien, sondern Kinder haben auch immer weniger Zeit zum Spielen mit anderen Kindern. Wenn ich an meine Kindheit zurückdenke, war ich jeden Tag umgeben von anderen Kindern. Wir tobten durch die Nachbarschaft, ohne Erwachsene, in unserer ganz eigenen Welt mit unseren ganz eigenen Regeln. Dieses Aufwachsen gibt es heute immer weniger.

Dabei brauchen Kinder unterschiedliche soziale Kontakte und unterschiedliche Bezugspersonen als Vorbilder, um verschiedene Verhaltensweisen und Ansichten kennenzulernen. Wichtig für die Entwicklung ist auch der Kontakt zu anderen Kindern, insbesondere älteren Kindern, von denen man sich etwas abschauen kann. Kinder lernen ganz anders von anderen Kindern als von uns Erwachsenen, wenn wir ihnen etwas vormachen. Vieles lernen sie so sogar schneller und besser als von uns, zum Beispiel die Fähigkeit, auf andere Menschen einzugehen, ihr Denken, Handeln und Fühlen zu verstehen.

Grundsätzlich gilt: Je jünger das Kind ist, desto weniger Bezugspersonen braucht es. Aber auch Babys sind schon in der Lage, sich an mehrere Personen zu binden und sich auf unterschiedliche Menschen einzustellen. Es ist also gar kein Problem, auch die Oma als Babysitterin einzusetzen und das Kind mal vom Opa ins Bett bringen zu lassen. Mit zunehmendem Alter kann der Kreis der Bezugspersonen ausgeweitet werden. Bei jedem Kind ist es verschieden, zu wie vielen Personen es eine tragfähige Beziehung aufbauen kann.

Sicher ist jedoch, dass Kinder durch mehrere Bezugspersonen anpassungsfähiger, konfliktfähiger und offener anderen Menschen gegenüber werden. Sie bekommen unterschiedliches Verhalten und unterschiedliche Beziehungsformen als Vorbild und haben mehr Erfahrungsmöglichkeiten, was bereichernd wirkt.[21]

Großeltern können eine große Hilfe sein

Großeltern können wichtige Bezugspersonen werden, auch wenn sie nicht um die Ecke wohnen. Sie helfen dem Kind beim Selbstständigwerden und können mit ihrer Lebenserfahrung positiv auf die Familie einwirken. Und deshalb ist es auch in Ordnung, wenn bei den Großeltern andere Regeln und Ausnahmen gelten als bei den Eltern. Solange gewisse Grundregeln eingehalten werden und sich beide Seiten so akzeptieren, wie sie sind, können Kinder damit umgehen, dass bei Oma auch mal genascht oder ferngesehen werden darf. Kinder können das sehr wohl unterscheiden, auch kleinere Kinder, und werden diese Ausnahmen dann nicht auf einmal auch zuhause bei den Eltern einfordern.

Und auch vor den – manchmal vielleicht veraltet wirkenden oder nervenden – Ratschlägen der eigenen Eltern sollten sich Eltern nicht allzu sehr fürchten: Häufiger, als man denkt, lohnt es sich, zumindest mal darüber nachzudenken oder es sich anzuhören. Und bei ganz abstrusen Ratschlägen kann man auch einfach die Ohren zuklappen und freundlich lächeln, anstatt einen Streit von Zaum zu brechen (siehe Kapitel »Immer diese Ratschläge!«, Seite 106.)

»Früher haben eure Großmütter es doch auch allein geschafft« – diesen Satz hören fast alle Eltern irgendwann zumindest einmal. Ein Satz, der so falsch ist, wie er weh tut. Denn nein, früher haben es die Mütter nicht allein geschafft! Sie hatten vielleicht keinen Geschirrspüler, aber dafür hatten sie mehr Unterstützung. Sie hatten Großmütter, Tanten, Cousinen in der unmittelbaren Nähe. Die Kinder spielten nicht den ganzen Tag im Haus und forderten zu hundert Prozent Mamas Aufmerksamkeit, sondern tobten schon im jungen Alter mit ihren älteren Geschwistern und Nachbarkindern durch die Gärten. Eltern waren noch nie so alleingelassen wie heutzutage.

Reif für die Krippe?

Bei der Frage, ab wann Kinder in die »Fremdbetreuung« sollten, scheiden sich die Geister. Es ist ein vieldiskutiertes Thema unter Eltern – teilweise ein erbittert ausgefochtener Streit. Zumindest bei einer Sache sind sich die Experten verschiedener Studien einig: Bis zum Ende des ersten Lebensjahres ist es am besten, wenn Kinder zuhause bei ihren Eltern betreut werden. Wobei das nicht gegen eine – wie oben bereits erwähnt – teilweise Betreuung durch Großeltern oder andere Bezugspersonen spricht.

Ob ein Krippeneinstieg nach dem ersten Geburtstag förderlich oder schädigend für ein Kind ist, darüber streiten sich auch Experten. Eins ist sicher: Es hängt auch von der Persönlichkeit des Kindes und der Bindung zu den Eltern ab. Und ein großes Stück weit auch von der Qualität der Betreuung.

Dabei gilt: Je weniger Kinder pro Erzieher oder Tagesmutter/ Tagesvater, desto besser. Beim Aussuchen der Krippe oder der Tagespflege sollten Eltern also genau schauen, ob sie zu ihnen und ihrem Kind passt. Ebenfalls wichtig für einen guten Einstieg in die Betreuung ist viel Zeit. Eine langsame, behutsame Eingewöhnung, die sich nach dem Tempo des Kindes richtet, ist ein guter Garant dafür, dass sich das Kind auch nach der Eingewöhnung in der Betreuung

Baut euer eigenes Dorf!

Es ist wichtig, eigene Netzwerke aufbauen, zum Beispiel mit Freundinnen, mit Müttern aus dem Kindergarten, mit Nachbarn. Fragt ohne Scheu nach Hilfe und bietet sie im Gegenzug auch anderen an. Das Dorf, die Großfamilie, die durch die heutige Mobilität weggefallen sind, müssen wir Eltern uns selbst aufbauen. Denn nur mit einem funktionierenden Netzwerk kommen wir selbst im Trubel des Familienalltags nicht unter die Räder.

wohlfühlt. Wer die Möglichkeit hat, nicht gleich voll wieder in den Beruf einzusteigen, sollte auch eine langsame Steigerung in der Krippenbetreuung in Betracht ziehen. Es muss ja nicht immer alles von null auf hundert gehen. Wie wäre es mit zwei Stunden am Tag bis zum Mittagessen in den ersten Monaten? Das ist auch für ein kleines Kind ein überschaubarer Zeitraum, der behutsam ausgedehnt werden kann. Aber auch, wer beruflich darauf angewiesen ist, sein Kind ab dem 1. Geburtstag mehrere Stunden betreuen zu lassen, sollte sich kein schlechtes Gewissen machen lassen! Wichtig ist, dass sich Kind und Eltern gut aufgehoben fühlen.

Ab einem Alter von zwei bis drei Jahren suchen sich Kinder immer stärker andere Kinder zum Spielen. Meine drei Kinder fanden es ab ungefähr eineinhalb Jahren langweilig, den Tag nur mit mir zu verbringen. Ab dem zweiten Geburtstag brauchen Kinder andere Kinder, um von ihnen zu lernen und mit ihnen zu spielen.

Der Kindergarten öffnet neue Welten

Kindern ab dem Alter von drei Jahren empfehlen verschiedene Experten einhellig einen Kindergartenbesuch. So hat eine Studie von Forschern der New York University im Jahre 2013 herausgefunden,[22] dass ein früher Kindergartenbesuch die Intelligenz der Kinder fördert, denn das Zusammensein mit anderen Kindern regt die kognitiven Fähigkeiten an. Wir Eltern allein können nie das Erleben und die Anregungen bieten, die es im Kindergarten gibt. Und damit sind nicht allein die Spielzeuge gemeint, sondern viel mehr das ganze Drumherum: die Bastelmöglichkeiten, das gemeinsame Singen, Gruppenspiele, Gruppenausflüge, gemeinsames Essen, Gesellschaftsspiele, Rollenspiele mit Gleichaltrigen und älteren Kindern, gemeinsames Bauen usw. Kinder lernen im Kindergarten, dass es Regeln außerhalb des Elternhauses gibt, und sie lernen, sich an diese Gruppenregeln zu halten. Das ist wichtig für die Sozialisierung. Sie lernen, auf andere Rücksicht zu nehmen, und den Umgang mit Hierarchien. Sie lernen, sich ihren Platz in einer Gruppe zu suchen und sich auch mal unterzuordnen, oder auch, wie es ist, wenn man der »Bestimmer« ist. Auch das ist wichtig: Sie lernen es in einer Gruppe, deren Gruppenmitglieder weder sie noch ihre Eltern ausgesucht haben. So müssen sie auch mit Kindern auskommen, die grundsätzlich verschieden oder vielleicht sogar unsympathisch sind. Das ist der große Unterschied zu von Eltern gegründeten Spielgruppen.

Kinder lernen im Kindergarten außerdem Fairplay und auch ein Gefühl für Gerechtigkeit. Das hat eine Wirkung für das ganze weitere Leben, denn in diesen ersten Jahren werden die Grundlagen für das Sozialverhalten gelegt.[23] Eltern müssen nicht ständig um ihre Kinder kreisen. 100 Prozent Aufmerksamkeit zu 100 Prozent der Zeit ist nicht 100 Prozent gut! Für das Sozialverhalten der Kinder ist es nicht förderlich, immer im Mittelpunkt zu stehen. Denn sonst denken Kinder, die Welt drehe sich um sie – und ehe wir uns versehen, wachsen kleine empathielose Egoisten heran.

Kinderfreundschaften – wichtig für das ganze Leben

Der Mensch ist ein soziales Wesen. Und das beginnt schon im Baby-alter. Von wegen »Die können ja noch gar nichts mit anderen anfangen«! Schon Babys lieben es, anderen Babys zuzuschauen. Bereits im Alter von wenigen Monaten schauen sie sich bei anderen Babys Dinge ab und beginnen früh, Blickkontakt zueinander aufzunehmen. Eine Studie der Charles Sturt University in Sydney hat das sogar wissenschaftlich bewiesen: Schon neun Monate alte Babys interessieren sich genauso stark für eine Gruppe gleichaltriger Babys wie für die eigene Mutter.[24]

Kinder brauchen Freunde. Während Erwachsene Freunde vor allem zum Reden benötigen, wollen Kinder Freunde, mit denen sie besonders gut spielen können. Zum Reden sind die Eltern da! Freunde sind dazu da, dass man mit ihnen etwas erlebt: eine wilde Fahrt auf einem Piratenschiff, den Bau eines Staudamms, das Frisieren sämtlicher Puppen, auch wenn sie danach alle keine Haare mehr haben. In der Kindheit wollen Kinder Abenteuer teilen, im Spiel versinken. Wenn mein Sohn in ein Freundebuch in die Rubrik »Das mag ich an dir« einträgt, »dass man so toll mit dir spielen kann«, ist das das größte Kompliment, das er machen kann.

Die Art, wie Kinder miteinander spielen, ändert sich mit der Zeit. Bei Zweijährigen haben viele Eltern den Eindruck, sie spielten mehr nebeneinander her statt miteinander. Aber wenn man genau hinschaut, sieht man, dass die Kinder sehr wohl auch in diesem Alter miteinander im Spiel agieren. Es ist anfangs oft ein Nachahmen und Imitieren, aber auch schon bei dieser Art des Spielens lernen Kinder, Gefühle anderer einzuschätzen und darauf Rücksicht zu nehmen. Bereits Zweijährige entwickeln in ihrem Spiel eigene Regeln und gehen aufeinander zu. Es ist also schon in diesem Alter wichtig für die Sozialisation, Freunde zu haben und mit anderen Kindern zu interagieren.

Das Spielalter schlechthin ist dann das Kindergartenalter von drei bis sechs Jahren, in dem Kinder eine unglaubliche Gabe haben, tief ins

Spiel zu versinken – bei Rollenspielen, beim Bauen, Toben oder bei ersten Gesellschaftsspielen. Die Fantasie der Kinder in diesem Alter ist unglaublich groß. Wer einmal gesehen hat, was Kinder mit einem großen Pappkarton alles anstellen können, weiß, wovon ich spreche.

Kinder brauchen andere Kinder für diese Abenteuer, denn sie spielen anders miteinander als mit uns Erwachsenen. Erwachsene neigen dazu, immer gleich fertige Lösungen parat zu haben oder beim Spiel sofort Einwände von sich zu geben (»Das ist aber total unrealistisch«). Beim Spielen mit anderen Kindern werden Dinge freier erlebt. Durch das gemeinsame Spielen erfahren Kinder, wo ihre eigenen Grenzen sind, was Mut bedeutet und dass man gemeinsam mehr erreicht als allein. Beim Spielen in einer Gruppe lernen sie, dass jeder seine eigenen Stärken hat und dass man durch das Zusammenfügen dieser unterschiedlichen Stärken gemeinsam in der Gruppe mehr erreichen kann. Durch das Spielen in der Gruppe entwickelt sich zum Beispiel Moralbewusstsein oder die Fähigkeit, auch mal zurückzustecken. Nicht zuletzt stärken Freunde auch das Selbstbewusstsein: Wer einen guten Freund an seiner Seite weiß, kann stärker durchs Leben gehen und lässt sich nicht so schnell ärgern oder aus dem Gleichgewicht bringen.

Wir als Eltern haben dabei die Aufgabe, unseren Kindern die Freiheiten zu geben, Freunde kennenzulernen und auch mit ihnen Zeit ohne Erwachsenenbegleitung zu verbringen. Elternsein bedeutet nicht nur, den Kindern zuhause ein möglichst kuscheliges Heim zu bieten, sondern ihnen auch eigenständige Schritte außerhalb dieses Zuhauses zu ermöglichen. Denn die Erfahrungen mit Freunden machen Kinder stark und prägen für das ganze Leben. Je älter Kinder werden, umso mehr Zeit verbringen sie mit ihren Freunden, umso wichtiger wird das, was Soziologen »Peergroup« nennen. Diese Zeit müssen wir unseren Kindern auch zugestehen und ihnen diese Freiräume geben.

Trödeln macht einen wahnsinnig!

Erinnert ihr euch noch? Damals, in der Vorkindära? Als man einfach noch mal eben schnell zum Bäcker ging? Sich die Schuhe überzog, die Jacke an und wirklich schnell zur Tür raus war. Eine Straße weiter zum Bäcker und nach zehn Minuten zurück. Oder zum Briefkasten. Mal eben schnell. Und nach fünf Minuten zurück. Es gibt nicht viel, was ich aus meinem Vor-Mama-Leben vermisse. Aber ganz ehrlich: Mir fehlt dieses Mal-eben-schnell. Ich vermisse es, einfach mal eben schnell zum Bäcker zu gehen. Weil ich vergessen habe, Brot zu kaufen und es mir abends um halb sechs einfällt. Ich vermisse es, mal eben schnell zum Briefkasten zu gehen, bevor er um 17 Uhr geleert wird. Im Leben mit Kindern geht nichts mehr »einfach mal eben schnell«.

Schon gar nicht, wenn man mehrere Kinder hat. Denn mit jedem Kind zusätzlich dauert es länger, bis alle angezogen und aus dem Haus sind, exponentiell. Dabei sollte man meinen, wenn sie groß genug sind, sich selbst anzuziehen, trödeln sie parallel und das Mal-eben-schnell verlängert sich dann nur um Faktor 1. Falsch gedacht. In meinem Fall verlängert es sich um Faktor 3. Für jedes Kind einmal länger. Und das läuft dann so ab:

— Schritt 1: Kinder motivieren, noch mal eben schnell um die Ecke zum Bäcker zu gehen. Ihnen ist es herzlich egal, ob Brot zum Frühstück da ist. Das fehlt ihnen erst am nächsten Morgen. Aber da ich als erfahrene Mutter weiß, wie sich der Unmut der Kinder am nächsten Morgen äußert und wie wenig dieser Unmut zusammenpasst mit der ganz allgemeinen Morgen-Hetze zu Schule und Kindergarten, hilft alles nichts, müssen die Kinder los und mit zum Bäcker.

— Schritt 2: Sie sitzen endlich in der Garderobe. Und dann dauert das Schuheanziehen, als ob sie sich Spezial-Mondanzüge überstreiften. Während ich Kind 3 beim Anziehen helfe, können Kind 1 und 2 das theoretisch allein und praktisch auch. Aber zwischen dem rechten und linken Schuh muss noch im Buch geblättert werden oder der Laternenstab im Takt von »Laterne, Laterne« an- und ausgeknipst werden.

— Schritt 3: Die Schuhe sind an. Aber das erste Kind muss noch mal auf Klo. Ich bin schlau, ich weiß ja, wie der Hase läuft, und frage in die Runde: »Muss sonst noch jemand aufs Klo?« Nein. Glück gehabt. Wenn ich Pech habe, bringt das Windelkind grad noch mal die Windel zum Überlaufen. Wenn ich richtig Pech habe, erst wenn der Schneeanzug angezogen ist.

— Schritt 4: Jacken an. Oder je nach Jahreszeit Schneeanzüge. Im Sommer entfällt dieser Schritt, was den Gesamtablauf aber irgendwie auch nicht beschleunigt. Da gibt es dann lustig klemmende Reißverschlüsse, hochgerutschte Ärmel und was diesen Schritt sonst noch so amüsant macht.

— Schritt 5: Je nach Jahreszeit: Mützen auf. Klingt simpel, kann aber so einiges an Zeit erfordern. Oder man stellt fest, dass man die Mütze im Kindergarten vergessen hat.

— Schritt 6: Endlich! Raus aus dem Haus! Aber vorher noch selbst die Jacke anziehen. Denn diesen Anfängerfehler macht man nur einmal: sich selbst zuerst die Jacke anzuziehen. Das macht selbst das beste Deo nicht mit.

Muss ich erwähnen, dass diese Schritte bei der Rückkehr ins Haus in umgekehrter Reihenfolge zu wiederholen sind?!

—— Der Regenbogen wartet nicht, bis du
mit der Arbeit fertig bist. ——

Chinesisches Sprichwort

Die schlechte Nachricht zuerst: So gut wie alle Kinder trödeln. Die gute Nachricht: Sie meinen es nicht böse. Denn sie haben schlicht kein Zeitgefühl. Erst mit zehn Jahren ist es etwa so ausgeprägt wie das Zeitgefühl eines Erwachsenen. Der Schweizer Entwicklungspsychologe Jean Piaget stellte fest, dass Kindergartenkinder Dinge wie Reihenfolge, Dauer, Geschwindigkeit und Gleichzeitigkeit noch nicht miteinander in Verbindung setzen können. Dadurch können sie noch nicht abschätzen, wie lange eine Tätigkeit dauert.[25] Sie verstehen also nicht, was wir meinen, wenn wir sagen: »In zehn Minuten fährt der Bus.« Kinder leben im Hier und Jetzt (an und für sich eine beneidenswerte Eigenschaft!) und können nicht begreifen, was ein »Beeile dich!« nun genau bedeutet. Erst mit drei bis vier Jahren lernen Kinder, zwischen Gestern, Heute und Morgen zu unterscheiden, mit sechs können sie ungefähr den Zeitraum einer Woche überblicken und Jahreszeiten unterscheiden.[26]

Zeiträume sind für Kinder also schwer zu überblicken. Für sie ist es deshalb einfacher, wenn der Tag in wiederkehrende Handlungen, also Routinen, unterteilt ist, an denen sie sich orientieren können. So bekommen sie ein Gefühl für den Tagesablauf und verstehen, was gemeint ist, wenn der Vater sagt: »Nach dem Abendessen darfst du noch eine Folge »Sendung mit der Maus« schauen.« Sie können einsehen, dass sie sich morgens auf dem Weg zum Kindergarten beeilen müssen, dafür aber auf dem Heimweg am Nachmittag mehr Zeit für Pfützenspringen und Regenwurmbeobachtungen haben. Routinen geben Halt, sind Orientierungspunkte und schützen so vor Stress. Um den Kindern zu helfen, ein Gefühl für die Zeit zu bekommen, hilft es, die Zeit anschaulich zu machen: So kann zum Beispiel eine Sanduhr sehr anschaulich zeigen, wie viel Zeit noch bleibt, bis es los in den Kindergarten geht.

Wieso Kinder nicht hören

Trotzdem sind Kinder immer wieder abgelenkt oder tun alles – außer sich auf das Anziehen zu konzentrieren. Woran das liegt? Sie ticken anders als wir. Bei ihnen ist das Gehirn für Lernen und Neugier ausgelegt. Um es mit Hirnforschern auszudrücken: Ihr präfrontaler Kortex ist noch nicht voll ausgebildet. Das ist der Bereich im Gehirn, in dem Planung und Konzentration verankert sind. Und genau dieser noch nicht ausgebildete präfrontale Kortex ist schuld daran, dass Kleinkinder alles erforschen und entdecken wollen, und zwar genau jetzt! Wenn Kinder aber dabei sind, etwas auszuprobieren und zu entdecken, dann versinken sie darin und sind nicht in der Lage, noch etwas anderes gleichzeitig wahrzunehmen. Wenn sie im Entdecken-Modus sind, nehmen sie nicht wahr, dass wir fragen, ob sie im Kindergarten auch gut zu Mittag gegessen haben, oder dass wir sie auffordern, doch endlich den zweiten Schuh anzuziehen.

Wir denken in solchen Situationen oft, dass unser Kind uns ignoriert – dabei ist das meistens nicht so. Es bekommt in diesen Momenten schlicht nicht mit, dass wir etwas von ihm wollen. Dann hilft es, sich hinzuknien und auf Augenhöhe mit dem Kind zu sprechen. Blickkontakt zu suchen. Oder ihm kurz die Hand auf die Schulter zu legen oder durch eine andere sanfte Berührung einen Kontakt herzustellen. Und erst dann, wenn dieser Kontakt da ist, sollte die Bitte vorgetragen werden. So haben wir die Aufmerksamkeit unseres Kindes, ohne einen Streit zu provozieren. Wenn wir unserem Kind dann Aufträge erteilen, sollten wir sie so konkret wie möglich formulieren, um ihm das Verständnis zu erleichtern. Statt eines pauschalen »Zieh dich an« ist es besser, die Aufforderung in mehrere Schritte zu unterteilen: »Zieh dir bitte die Schuhe an und danach die Jacke.«

Zeitpuffer einplanen

Dennoch wird es immer wieder Situationen geben, in denen es ohne Hetzen und Drängeln nicht geht. Denn der Bus wartet nicht, bis auch der linke Schuh angezogen ist, und es gibt nun mal Termine, zu denen man pünktlich sein muss. Überall Zeitpuffer einzuplanen, erleichtert das Familienleben ungemein. Denn dann fällt es leichter, cool zu bleiben, wenn das Kind auf dem Weg zum Kinderarzt aus nicht ganz nachvollziehbaren Gründen dreimal im Uhrzeigersinn um den Laternenpfahl rennen muss. Das Phänomen kennt wohl jede Mutter und jeder Vater: Je mehr man drängelt und umso eiliger man es hat, desto mehr wird getrödelt. Und die Stimmung? Wird mit jedem »Nun komm doch endlich!« schlechter. Drängeln wirkt meistens kontraproduktiv.

Deshalb: Wo es geht, immer einen Zeitpuffer einplanen. Und – ganz wichtig – bei den Wegzeiten nicht vom Erwachsenentempo, sondern von der Gehzeit eines Kindes ausgehen. Dann umschifft man schon viele Klippen und kann auch entspannter über Wutanfälle oder langwierige Baustellenbeobachtungen hinwegsehen. Das gilt übrigens nicht nur für Termine wie den beim Kinderarzt, sondern besonders auch für regelmäßige Termine. Denn niemand hat Freude an den Müttern, die immer auf den letzten Drücker abgehetzt die Turnhalle zum Kinderturnen entern. Weder die anderen Eltern noch der Turnlehrer und schon gar nicht die Kinder!

Auf das Tempo der Kinder einlassen

Vielleicht ist es auch einfach an der Zeit, dass wir uns mehr auf das Tempo unserer Kinder einlassen. Uns weniger durch Termine hetzen lassen, weniger von anderen drängeln lassen, schon gar nicht von unserer inneren Stimme. Wenn wir immer mit Vollgas durchs Leben hetzen, übersehen wir vieles. Was läuft uns jetzt gerade weg, wenn wir noch ein paar Minuten länger am Baustellenzaun stehen bleiben? Wenn die Antwort »Eigentlich nichts« ist, dann sollten wir einfach noch stehen bleiben. Es tut nicht nur unseren Kindern gut, sondern auch uns selbst. Sehen wir es doch mal so: Manager zahlen viel Geld für Achtsamkeits- und Entschleunigungskurse! Manch einer geht den Jakobsweg, in der Hoffnung auf ein wenig Entschleunigung. Dabei kann es so einfach sein: Indem wir uns immer mal wieder auf das Tempo unserer Kinder einlassen, die Welt mit ihren Augen sehen und so wieder lernen zu staunen, was sie an Abenteuern für uns bereithält.

So werden Kinder zu höflichen Menschen

Da war er eines Tages. Schlich sich einfach so in mein Leben ein. Kam unvorbereitet. Und löste sofort ein schales Gefühl in mir aus. Der Satz »Wie heißt das Zauberwort?« ploppte einfach so aus meinem Mund. Ich hielt mir eben jenen sofort zu. Zu spät. Da war er, der Satz, mit dem mich meine Eltern immer genervt hatten und den ich, so hatte ich mir immer geschworen, nie, nie, nie (!) zu meinen Kindern sagen wollte. Irgendwann ist es so weit. Man ertappt sich dabei, dass man sich so anhört wie die eigene Mutter, und fragt sich, wie es so weit kommen konnte.

Doch schon am selben Abend ertappte ich mich dabei, wie ich meinen Vater imitierte. Mein Sohn fläzte sich am Abendbrottisch und stützte seine Ellenbogen auf. Ich schob seinen Arm demonstrativ zurecht. Woraufhin ein Arm unter den Tisch rutschte und er erst recht nicht Knigge-konform am Essenstisch saß. »Hand auf den Tisch«, raunzte ich und da zuckte es auch schon durch meinen Kopf: »Du hörst dich an wie dein eigener Vater!«

Da hat man so viele gute Vorsätze für das Elternleben und dann sowas! Dabei geht es mir doch eigentlich nur darum, dass meine Kinder zu höflichen Menschen werden. Denn mit guten Manieren geht es sich nun mal leichter durchs Leben. Das hat für mich nichts mit Spießigkeit zu tun, sondern einfach mit gegenseitigem Respekt. Indem ich höflich bin, zolle ich meinem Gegenüber Respekt, verbunden mit gegenseitiger Rücksichtnahme. Dinge, die für mich wichtig sind für eine funktionierende Gesellschaft. Aber wie werden aus Kindern höfliche Menschen? Geht das nicht auch ohne Floskeln à la »wie heißt das Zauberwort?«?

—— Wir können Kinder nicht erziehen, sie machen uns eh alles nach. ——

Karl Valentin

Kinder sind einmalig. Jeder Mensch ist einmalig. Es ist wichtig, Kindern genau das zu vermitteln. Aber das bedeutet nicht, dass sie alles dürfen und alles tun können, was sie wollen. Eine Gesellschaft braucht Regeln, damit sie funktioniert, und eine gemeinsame Wertebasis sowie gegenseitige Rücksichtnahme. Und eben das müssen wir Eltern unseren Kindern vermitteln. Kinder auf Augenhöhe zu behandeln, heißt eben nicht, dass sie alles dürfen und entscheiden. Denn eine Gesellschaft von Egozentrikern ist auch nicht das, was wir wollen, oder?

Dafür braucht es jedoch kein erzwungenes Bitte und Danke und erst recht keine erzwungenen Entschuldigungen. Kinder sind keine Roboter und wenn wir nicht wollen, dass sie welche werden, sollten wir diese Zauberwort-Sache sein lassen. Schließlich wollen wir, dass sich unsere Kinder von Herzen entschuldigen, weil es ihnen wirklich leidtut. Ein automatisiertes Entschuldigen bringt niemanden weiter und erfüllt nicht den Zweck, den es haben sollte. Dasselbe gilt für ein muffeliges Danke, das man halt sagt, weil man es halt so sagt – das aber nichts mit ernst gemeinter Freude zu tun hat. Ein Danke sollte doch von Herzen kommen, ein »Es tut mir leid« ernst gemeint sein – und nicht weil es von den Eltern so eingetrichtert wurde.

Gehen wir mit gutem Beispiel voran!

Statt also mit dem Zauberwort zu kommen, sollten wir Eltern mit gutem Beispiel vorangehen. Denn Kinder lernen durch Nachahmen. Schon Babys ahmen uns nach, dank der Spiegelneuronen. Sie kommen mit einer inneren Bereitschaft auf die Welt, so zu werden wie die Menschen, die sie umgeben. Und deshalb funktioniert das Erziehen durch Vorbildsein so gut. Indem Eltern vorleben, wie sie sich den Umgang miteinander vorstellen, erreichen sie ihre Kinder viel besser als durch Ermahnungen, die meist zum einen Ohr hinein und zum anderen wieder herausgehen. Deshalb: Nicht böse über andere sprechen.

Nicht lügen. Und immer höflich bleiben. Wenn man merkt, dass sich das Kind nicht bedanken will, kann man das (zumindest bei kleineren Kindern) übernehmen und dem Kind, das das Geburtstagsgeschenk überreicht hat, sagen: »Danke, Leon freut sich sehr.« Möchte das Kind sich nicht von sich aus entschuldigen, kann man zum Beispiel sagen: »Mia tut es leid, dass sie dir die Schaufel weggenommen hat.«

Mit meinen Kindern mache ich ein Spiel: Jedes Mal, wenn sie eine Aufforderung rufen wie »Ich will Milch!«, sage ich mit zuckersüßer Stimme: »Bitte, liebste Mama, kannst du mir Milch bringen? Oh, lieben Dank, Mama, das ist ja wirklich nett von dir.« Wenn euer Kind also munter kräht, dass es sein Brot haben will, könnt ihr den Satz nett wiederholen. Oder ältere Kinder auch ruhig einmal direkt auffordern, die Bitte noch einmal in der höflichen Version zu wiederholen.

Aber alles Erziehen nützt nichts, wenn wir uns selbst nicht an die Regeln halten. Wer nie jemandem im Laden die Tür aufhält, immer über die Lehrerin lästert oder am Tisch dem Partner ständig ins Wort fällt, muss sich nicht wundern, wenn die Kinder das einfach übernehmen. So vermittelt man Tischmanieren übrigens auch am besten: indem man sie einfach anwendet. Dann ahmen einen die Kinder nach. Und mit der Zeit geht es ihnen in Fleisch und Blut über. Ganz ohne unser Gemecker. Denn ganz ehrlich: Die gemeinsame Mahlzeit soll doch allen Spaß bringen und ein Wohlfühlort sein und kein Knigge-Unterricht mit motzigen Eltern!

Hilfe, ich mutiere zur Meckermama!

Kennt ihr diese Sätze, die automatisch den Mund verlassen? Die man fast schon roboterhaft in bestimmten Situationen von sich gibt? »Hör doch endlich mal auf, ständig an meiner Jacke zu zerren.« »Lass deinen Bruder in Ruhe.« »Musst du deiner Schwester immer alles wegnehmen?« »Es wird nicht mit dem Essen gespielt!« »Aufräumzeit! Räumst du jetzt auf, bitte? Du sollst aufräumen! Hey, aufräumen! Jetzt! Sofort!« »Wenn du jetzt nicht aufräumst, dann lese ich vor dem Schlafen keine Geschichte vor.« »Die Zähne werden geputzt und basta.« »Zieh den Schlafanzug an, bitte. Ziehe dich jetzt um! Wenn du dich jetzt nicht umziehst, dann gibt es halt keine Geschichte.« »Ich zähle bis drei …«

Es geht einfach immer weiter. Kaum hat man den einen Satz gesagt, kommt der nächste. Man kann gar nichts dagegen tun. Als ob man sich zu viel Brausepulver in den Mund gestopft hätte und nun lauter kleine Blubberblasen aus dem Mund quellen würden. So quellen sie hervor, die motzigen Sätze.

Eine Endlosschleife. Und man wird immer lauter. Mit jedem Satz. Genervter. Gereizter. Ungeduldiger. Man spult die Wörter runter, ohne nachzudenken. Mit Humor ist da auch nix mehr zu machen, denn man hat einfach keine Nerven mehr für Kinderscherze, die abends um acht gemacht werden. Wenn man selbst einfach nur mal die Beine ausstrecken will und die Kinder trotz aller Müdigkeit noch mal richtig aufdrehen, Fangen spielen und es komisch finden, sich den gerade angezogenen Schlafanzug wieder auszuziehen und unter der Decke zu verstecken. Das, was am Anfang des Tages noch so niedlich ist, findet man dann gar nicht mehr süß. Es nervt einfach nur noch.

Und man selbst nervt auch. Mitten in diesen Sätzen stelle ich mit Erschrecken fest: Ich höre mich so an, wie ich mich nie anhören wollte! Denn mittendrin in diesen nicht enden wollenden Sätzen höre ich meine eigene Stimme und erschrecke. So wollte ich doch nie klingen! So jammrig, fast schon selbst so quengelig wie die überdrehten Kinder, so laut, so streng, so motzig, so … unsympathisch. Hilfe, ich will keine Meckermama sein! Kann mal jemand diese Frau dort leise stellen? Diese Frau, die irgendwie so aussieht wie ich? Ich kann sie nicht mehr hören!

Es ist nicht jeden Abend so, dass ich so furchtbar dünnhäutig bin, aber es kommt leider oft genug vor. Und dann schaltet irgendetwas auf Automatik, und dieses Automatikprogramm, das gefällt mir gar nicht. Und es bringt noch nicht einmal etwas! Diese Meckerei. Ich laufe damit total ins Leere. Meine Kinder überhören es einfach. Sie blenden die Sätze und Aufforderungen aus. Wenn ich mal laut werde, schauen sie mich etwas verblüfft an, aber dann ist es, als ob sie mit den Schultern zuckten und sich sagten: »Mama hat mal wieder ihre fünf Minuten«, und sie machen einfach weiter. Je mehr ich meckere, umso mehr ignorieren sie es.

Noch ein Grund mehr, das einfach sein zu lassen. Hat doch keiner was von. Und dennoch überkommt es einen manchmal und man kann gar nichts dagegen tun. Am Ende bleibt das schlechte Gewissen, dass man mal wieder nur mit diesem blöden »Ich zähle bis drei« kam oder dem »Wenn du nicht die Zähne putzt, geht es halt ohne Buch ins Bett« (ist doch irgendwie hilflos, diese Erpressung, oder?).

Ich habe gestern beschlossen, dass ich an mir arbeite und diese Meckermama aus unserem Familienleben herauszuhalten versuche. Ich mag ihre schrille Stimme nicht. Ganz und gar nicht. Und ich glaube, meine Kinder auch nicht. Die Nachbarn wahrscheinlich auch nicht. Sie kommt meistens abends zu Besuch. Oder tagsüber, wenn wir ganz dringend zu einem Termin müssen und die Kinder genau dann plötzlich verlernt haben, sich die Schuhe allein anzuziehen. Und wenn sie wieder zu Besuch kommt, dann werde ich sie nicht reinlassen, diese Frau mit der schrillen Stimme und den immer gleichen Retortensätzen.

—— Wer lächelt, statt zu toben, ist immer der Stärkere. ——

Laotse

Niemand möchte die Meckermama sein. Niemand mag das eigene Mecker-Ich. Und dennoch kommt es immer wieder vor: dieses Aus-der-Haut-Fahren, entgegen allen guten Vorsätzen. Es ist menschlich. Und: Es ist okay, sich auch mal Luft zu verschaffen. Dampf abzulassen. Es ist doch wie beim Nudelnkochen: Bevor das Wasser überkocht, ist es besser, kurz den Deckel anzuheben. Aber ehe man sich versieht, wird aus diesem kurzen Dampfablassen eine Meckerspirale, aus der man schwer herauskommt. Mama meckert, Kind meckert zurück und tut nicht, was es soll, Mama meckert noch mehr, Kind meckert noch mehr. Und so geht es dann munter weiter. Die Stimmung ist nicht mehr zu retten.

Machtpositionen nicht ausnutzen

Was kann man also tun? Wie kommt man aus dieser Meckerspirale heraus oder am besten gar nicht erst hinein? Erst einmal stellt sich die Frage: Was ist eigentlich Schimpfen? Ein Vor-sich-hin-Grummeln oder -Brummeln oder auch mal ein »Jetzt reicht es aber!« fällt nicht unter Meckern oder gar verbale Gewalt. Verbale Gewalt ist, wenn man seine Dominanz ausnutzt, das Kind heruntermacht, es sich schlecht fühlen lässt, beleidigt oder anschuldigt. Sätze wie »Du lernst es wohl nie«, »Das habe ich mir ja gedacht, dass du es nicht schaffst« oder »Du bist ja nicht grad der Schlaueste« sind absolutes No-Gos. Verbale Gewalt verletzt, wie der Name schon sagt. Verbale Gewalt ist nicht in Ordnung. Niemals!

Wir leben in einem Rechtsstaat, in dem Drohen und Erpressen verboten sind. Das gilt auch in der Erziehung. Daran sollten wir Eltern uns halten. Dinge wie Hausarrest oder Liebesentzug oder auch Wegnehmen von Gegenständen sind nicht in Ordnung, denn dabei nutzen Eltern ihre Machtposition aus. Dieses Machtgefälle sorgt nämlich dafür, dass es sehr wohl ein Unterschied ist, ob das Kind »Du doofe Mama!« oder die Mutter »Du dummes Kind!« sagt. Denn ein kleines Kind hat noch nicht gelernt, seinen Frust in Zaum zu halten – wenn Eltern jedoch so etwas sagen, dann setzen sie das Kind mit diesen Worten herab.

Aber wie machen wir es besser? Im Umgang mit Kindern gilt das, was für alle Beziehungen gilt und zum Beispiel auch im Liebesleben empfohlen wird: nicht die Person kritisieren, sondern das Verhalten. Und: Ich-Botschaften statt Vorwürfe. Es ist nicht das Kind, das einen wahnsinnig macht, sondern sein Verhalten. Die Tatsache, dass es seine Jacke auf den Boden pfeffert, anstatt sie an die Garderobe zu hängen. Es ist menschlich, dass einem da nach dem zehnten Mal ein »Du machst mich wahnsinnig!« rausrutscht. Gefolgt von einem »Immer wirfst du deine Jacke in den Flur!«. Ja, es geht besser. Ja, es ist so nicht in Ordnung. Aber: Wenn das mal passiert, dann ist man nicht automatisch eine schlechte Mutter. Es passiert. Der Tag ist stressig, die Kinder sind müde, man selbst auch und wenn man dann zum drit-ten Mal über die Jacke stolpert, dann ist so ein Vorwurf schneller ge-macht, als einem lieb ist. Wenn das ab und zu mal rausrutscht, ist es kein Grund für ein schlechtes Gewissen.

Richtig schimpfen will gelernt sein

Wie reagiert man besser? »Ich bin genervt, dass ich so oft über deine Jacke stolpere« ist in diesem Fall der bessere Satz. Der Satz zeigt: Nicht das Kind an sich ist das Problem, sondern sein Verhalten. Die Aussage ist verpackt in eine Ich-Botschaft mit dem Verzicht auf Vorwürfe. Ein »Immer machst du …«-Vorwurf sorgt in der Regel dafür, dass das Ge-genüber automatisch seine Ohren verschließt (das gilt auch für Dis-kussionen mit dem Partner!). Und so eine Verallgemeinerung stimmt ja schlicht nicht, jedenfalls meistens. Richtiger wäre also: »Mir kommt es so vor, als ob du ständig deine Jacke in den Flur werfen würdest. Und ich bin wirklich genervt davon, darüber zu stolpern.«

Wenn ihr möchtet, dass eure Kinder euch zuhören, empfiehlt es sich übrigens auch, sie nicht mit eurem Anliegen zu überfallen. Wir alle kennen dieses selektive Gehör von Kindern (und auch vom Part-ner, oder?), das einen manchmal wahnsinnig machen kann. »Ja, hört mir denn überhaupt jemand zu?!« Nein, gerade nicht. Denn die Kin-der sind beschäftigt und fokussiert. Es liegt in ihrem Naturell. Über-legt einmal: Würdet ihr Erwachsene aus heiterem Himmel mit ei-nem Anliegen überfallen? Ganz ohne Vorankündigung? Nein, oder? Ihr würdet wahrscheinlich fragen, ob ihr kurz stören könntet. Eben! So wie es bei einem Telefonat zum guten Ton gehört, zu fragen, ob es kurz passt, sollte es auch zum guten Ton gehören, seine Kinder zu fra-gen, ob sie einen Moment Zeit haben.

Geht dabei auf Augenhöhe, hockt euch hin, schaut ihnen in die Augen, legt ihnen vielleicht kurz die Hand auf die Schulter und fragt: »Hast du mal kurz einen Moment zum Zuhören?« Meistens haben sie Zeit und sind viel aufnahmebereiter, als wenn ihr einfach so ins Zimmer poltert und ruft: »Kannst du nicht mal aufräumen?« oder »Du hast ja deine Mathehausaufgaben noch nicht gemacht und dein leeres Glas hast du immer noch nicht in den Geschirrspüler gestellt!« Wenn sie brummen: »Grad nicht« oder »Ich muss aber noch das Legoauto wieder zusammenbauen«, sagt ihr einfach ganz ruhig: »Okay, ich warte kurz.« Diese kleine Pause verschafft euch Zeit zum Durchatmen und ihr könnt runterkommen und den Ärger verrauchen lassen, ohne dass es zum Ausraster kommt.

Die Perspektive des Kindes einnehmen

Bevor ihr reflexhaft losmeckert, hilft es, die Dinge aus der Perspektive des Kindes zu betrachten. Denn oft haben sie es gar nicht böse gemeint. Erinnert ihr euch an Michel aus Lönneberga? Hinter den meisten seiner Streiche steckt gar keine böse Absicht, ganz im Gegenteil, oft will er sogar eigentlich etwas Gutes bezwecken – die Dinge laufen nur irgendwie aus dem Ruder … So wie in der Geschichte mit den Mausefallen, die er in der Küche aufstellt: Eigentlich will er nur helfen, er konnte doch nicht ahnen, dass die Magd Lina darin hängen bleiben würde.

Als meine Kinder kleiner waren, hatte ich ein ähnliches Schlüsselerlebnis: Mein Sohn wollte seinem kleinen Bruder Wasser einschenken. Die Karaffe war viel zu schwer für ihn und ein Liter Wasser kippte auf den Esszimmertisch. Ich war kurz davor, mich tierisch aufzuregen, zumal auch noch meine nagelneue Zeitschrift überschwemmt wurde. Aber dann merkte ich, dass mein Sohn eigentlich nur helfen wollte. Ich war nämlich gerade in der Küche, als der Kleine etwas Wasser trinken wollte. Damit ich nicht extra dafür ins Esszimmer kommen musste, hat der große Bruder halt seinem kleinen Bruder geholfen.

Direkte Kommunikation hilft

Was ebenfalls beim Meckern-Vermeiden hilft, ist, die eigene Frage-stellung zu überprüfen. Viel zu oft sagen wir nämlich gar nicht di-rekt, was wir von den Kindern wollen. Ein für uns vielleicht logisch klingendes »Denkst du daran, dass es regnet?« ist nämlich gar nicht so logisch. Wieso nicht gleich sagen: »Zieh bitte deine Regenjacke an, es regnet draußen«? Eine direkte Kommunikation vermeidet Miss-verständnisse. Schließlich können unsere Kinder keine Gedanken le-sen! Dasselbe gilt für die – fast schon rhetorisch klingende – Frage: »Kannst du nicht mal dein Zimmer aufräumen?« Ganz ehrlich: Bei so einer Frage müssen wir uns doch nicht wundern, wenn die Antwort Nein lautet! Besser ist es also, von Anfang an einfach zu sagen, was man möchte: »Ich möchte, dass du jetzt dein Zimmer aufräumst.«

Direkte Kommunikation gilt übrigens auch für Verbote. Es ist für ein Kind immer besser verständlich, wenn ihm nicht gesagt wird, was

Die Sichtweise ändern

Manchmal haben nervige Verhaltensweisen einen Grund, der sich leicht beheben lässt. Wenn das Kind zum Beispiel immer die Milch verschüttet, liegt es vielleicht daran, dass der Becher zu groß, zu schwer oder zu voll ist. Vielleicht bringt ein Becher mit Deckel Abhilfe? Wenn beim Essen nie richtig mit Messer und Gabel gegessen wird, kann es viel-leicht daran liegen, dass das Besteck viel zu groß für Kin-derhände ist. Mein Sohn zappelte eine Zeitlang beim Essen immer herum, was uns tierisch auf die Nerven ging – bis wir entdeckten, dass er zu groß für den Kinderhochstuhl war und es für ihn unbequem war, am Tisch zu sitzen. Mit einem normalen Stuhl verschwand auf einmal die Zappelei. Ganz ohne Meckern!

es nicht tun soll, sondern, was es stattdessen tun soll. Statt »Nicht weglaufen!« hinter dem flitzenden Kind herzurufen, ist es effektiver, einfach »Bitte stehen bleiben!« zu rufen. Mit etwas Übung gelingt es leichter, Dinge positiv zu formulieren – und die Wirkung ist verblüffend!

Überhaupt solltet ihr das Wort Nein für wirklich wichtige Botschaften reservieren. Nicht jedes Nein muss sein. Viele Neins kommen reflexhaft. Es gibt Dinge, die sind eigentlich nicht schlimm, Gummistiefel bei 30 Grad anzuziehen, zum Beispiel. Wenn ihr ein Nein konsequent bei wichtigen Dingen einsetzt, wird es auch eher akzeptiert. Zum Beispiel: »Nein, während der Autofahrt darf man sich nicht abschnallen« oder »Nein, an der Ampel wird nicht rumgeschubst.«

Auch wenn wir es uns manchmal wünschen, das Leben funktioniert nicht ohne Nein, auch wenn es manchmal schwerfällt, Kindern etwas zu verbieten. Jesper Juul sagte in einem Interview mit der Zeitschrift »Geo Wissen«: »Denn es ist unbefriedigend, einem Menschen, den man liebt, Nein zu sagen. Wenn man jedoch ständig Ja sagt, aber eigentlich lieber Nein gemeint hätte, kommt man in eine Situation, in der man irgendwann glaubt, der andere schulde einem dafür etwas. Dann geht es plötzlich nicht mehr um Beziehung und Liebe, sondern um Schuld. Nur noch Ja zu sagen, bedeutet jedenfalls kein Mehr an Liebe. Wenn Eltern das nicht anerkennen, machen sie aus ihren Kindern Menschen, die sich permanent schuldig fühlen.«[27]

Gefühle ernst nehmen

Hinterfragt euch beim Meckern immer selbst: Würde ich es wollen, dass ein anderer Mensch so mit mir spricht, wie ich gerade mit meinen Kindern spreche? Das hilft, das eigene Verhalten noch einmal zu reflektieren. Wichtig ist auch, dass ihr euren Kindern immer zeigt, dass ihr sie und ihre Gefühle ernst nehmt. Widersprecht ihnen also nicht gleich reflexhaft, wenn sie sagen: »Mir ist kalt.« Vielleicht ist euch gerade nicht kalt, aber eurem Kind kann sehr wohl kalt sein.

Wenn euer Kind zum Beispiel sagt: »Alle ärgern mich immer«, lasst die Antwort »Bestimmt nicht alle«. Denn in der Wahrnehmung eures Kindes sind es so viele Kinder, dass es sich anfühlt wie »alle«. Besser ist es, erst einmal die Fakten zusammenzufassen: »Alle ärgern dich, sagst du? Welche Kinder sind es denn und was tun sie?« Die Aussage des Kindes fasst ihr dann noch einmal zusammen, ganz ohne Bewertung, und beschreibt dann das Gefühl, das das Kind dabei beschrieben hat: »Du kommst dir also dumm vor, wenn sie dir die Sachen wegnehmen und nicht zurückgeben?« So eine Zusammenfassung zeigt dem Kind erstens, dass ihr es ernst meint, und zweitens hilft sie, das Geschehene und die eigenen Gefühle zu verarbeiten. Was man benennen kann, ist greifbarer und leichter einzuordnen. Das hilft auch, gemeinsam eine Lösung zu finden, bei der das Kind aktiv mitsucht.

Wie im Kapitel über die Trotzphase (Seite 51) beschrieben, wollen Kinder kooperieren. Kinder, die sich angenommen fühlen, gehorchen eher. Aber nicht immer! Denn dieser eigentlich vorhandene Wille konkurriert mit dem Drang, selbständig zu sein, über sich selbst zu bestimmen, mit dem angeborenen Bewegungs- und Entdeckerdrang – und natürlich mit den eigenen Bedürfnissen.

Deshalb sollten Eltern ihre Kinder auch immer ein Stück weit mitbestimmen lassen. Denn Kinder haben selbstverständlich das Recht, das zu tun, was sie wollen. Sie müssen keine Lust auf einen Waldspaziergang haben und haben das Recht darauf, den Vorschlag doof zu finden. Dass sie jedoch nicht allein zuhause bleiben können, wenn der Rest der Familie in den Wald geht, ist dann das Argument der Eltern, auf dessen Basis die Lösung gesucht wird. Zumindest das Feedback der Kinder solltet ihr einholen, ihnen zuhören und darauf eingehen. Das muss natürlich kein »Einknicken« sein, aber zumindest ein Zeigen von »Du wirst gehört«. Wenn wir unseren Kindern das signalisieren, sind sie eher bereit, auf unsere Vorschläge einzugehen.

Mit Humor gegen das Meckern

Ein paar Tricks, um die Meckerspirale zu durchbrechen, gibt es. Atmet tief durch und zählt von zehn rückwärts, bevor ihr mit dem Meckern loslegt. Oft hilft das schon, um den Druck herauszunehmen, und das Meckern fällt gleich weniger laut aus. Manchmal hat sich der Grund für das Meckern innerhalb dieser zehn Sekunden sowieso von allein erledigt! Ja, tatsächlich!

Was ebenfalls hilft, ist Humor. Ich übertreibe es gern beim Explodieren, mutiere zum Rumpelstilzchen, was ich im Laufe der Zeit perfektioniert habe. Wenn ich dann völlig überzogen auf einem Bein herumhüpfe und vor mich hin schimpfe, dann finden meine Kinder das so witzig, dass sie den Grund für das Meckern völlig vergessen und wir alle zusammen eine Art Mecker-Komödie aufführen. Lustig endet es auch, wenn man beim Schimpfen auf Fantasieschimpfwörter zurückgreift und die Kinder anregt, mitzumachen: »Das ist doch jetzt knödeldödelsuperdoof« lockert die Stimmung in vielen Fällen. In ihrem Buch »Erziehen ist ein Kinderspiel« beschreibt Bea Beste vom Blog »tollabea« einen ebenfalls tollen Trick, um die Situation zu entschärfen: Sie schlägt vor, seine Botschaft nach der Melodie eines Kinderliedes zu singen, um so für Aufmerksamkeit zu sorgen. Ihr Vorschlag: Auf die Melodie von »Bruder Jakob« zu singen »Liebes Kind, liebes Kind! Räum doch auf, räum doch auf! Kannst du mich nicht hören? Kannst du mich nicht hören? Gleich rast ich aus, gleich rast ich aus!«

Humor ist sowieso die Geheimwaffe, wenn nichts mehr geht. Lachen, albern sein, übertreiben, das entspannt sofort und macht gute Laune. In brenzligen und nervigen Situationen sorgt ein wenig Humor für die nötige Distanz zum Problem. Gemeinsam zu lachen sorgt für ein Zusammengehörigkeitsgefühl. Abgesehen davon, dass Lachen und ja, sogar ein aufgesetztes Lächeln, Endorphine freisetzt, also Glückshormone. Der Trick, sich selbst vor dem Spiegel anzulächeln, um die Stimmung zu heben, funktioniert tatsächlich. In Gemeinschaft kommt noch ein wichtiger Punkt hinzu: Lachen ist ansteckend!

Eltern sind auch nur Menschen

Aber machen wir uns nichts vor: Es wird im Familienleben immer wieder Situationen geben, wo jemand meckert. Es ist eine Illusion, dass das Familienleben immer harmonisch ist. Es ist eine Illusion, dass Kinder und Eltern immer gut gelaunt sind. Es ist eine Illusion, dass wir immer so reagieren können wie von Pädagogen empfohlen. Eltern sind auch nur Menschen! Und Kinder auch! Und Menschen dürfen, nein, müssen sogar mal ihren Frust ablassen. Außerdem können Eltern ihre Kinder nicht vor jedem Frust bewahren und sollten es auch gar nicht. Denn sonst lernen Kinder nicht, damit umzugehen, wenn etwas mal nicht so klappt, wie sie es sich vorstellen, oder mal nicht nach ihrer Pfeife getanzt wird. Meinungsverschiedenheiten und konkurrierende Bedürfnisse gehören zum Leben dazu. Die Familie ist immer auch eine Art Trainingscamp für »das Leben da draußen«.

Wenn der Frust also mal rausmuss, ist das kein Grund für ein schlechtes Gewissen, solange wir darauf achten, wie oben beschrieben, nicht zu drohen, herabzusetzen und verbal zu verletzen. Eltern sind auch nur Menschen und auch das ist etwas, das wir unseren Kindern vermitteln sollten. Kinder geben Eltern einen Vertrauensvorschuss. Sie lieben ihre Eltern, auch weil sie die Personen sind, die ihnen am meisten vertraut sind. Sie verzeihen uns unsere Ausrutscher, sie verzeihen uns eine ganze Menge. Umso wichtiger ist es aber, dass wir diesen Vertrauensvorschuss nicht missbrauchen, sondern gut damit umgehen.

Wichtig ist, dass unsere Kinder immer wissen, dass wir sie lieben, bedingungslos lieben. Wenn wir zur Meckermama mutieren, sollten wir es immer wiedergutmachen und liebevoll und feinfühlig auf unsere Kinder eingehen. Wenn wir das tun, dann wissen unsere Kinder unsere Meckerattacken einzuschätzen und können sie einordnen. Sie wissen: »Jetzt ist es zu viel«, aber sie wissen auch: »Es liegt nicht an mir als Person, sondern an dem, was ich getan habe. Nicht ich bin falsch und nicht ich werde beschimpft, sondern mein Verhalten.«

Ein Zitat Satz von Astrid Lindgren, die viele kluge Sätze gesagt hat, rufe ich mir in schwierigen Momenten immer wieder ins Gedächtnis: »Gewiss sollten Kinder Achtung vor ihren Eltern haben, aber gewiss sollten auch Eltern Achtung vor ihren Kindern haben, und niemals dürfen sie ihre natürliche Überlegenheit missbrauchen.«[28] Das Machtgefälle zwischen Eltern und Kindern ist naturgegeben. Wir Eltern sollten mit dem Vorsprung an Macht, den wir haben, verantwortungsvoll umgehen.

Meine Suppe ess' ich nicht!

Ich kenne sie alle, die Tipps, wie man Kinder dazu bringt, Gesundes zu essen. Die Tricks, mit denen man Kinder begeistert, auch mal Gemüse zu probieren. Ich habe lustige Gesichter aus Gemüse auf den Teller gelegt. Ich habe die Kinder Kresse aussäen lassen und sie dann aufs Brot gestreut. Ich habe sie beim Kochen helfen lassen und der Kleine hat mit Hingabe Möhren geschält, bis nix mehr von ihnen übrig war. Ich habe pürierte Möhren in der Nudelsoße versteckt. Aber gegessen haben sie das Gemüse nicht. Und die Kresse haben sie angeekelt vom Brot gepickt. Den Trick mit dem versteckten pürierten Gemüse haben sie sofort durchschaut. All die guten Tipps, wie man Kindern gesundes Essen beibringt – bei meinen Kindern helfen sie nicht. Dabei sind sie als kleine Essanfänger so gut gestartet und ich habe schon innerlich jubiliert! Heute sage ich: Freut euch nicht zu früh. Solange sie klein sind, ist alles leicht. Aber es kommt der Tag, da wird alles anders.

»Meine Kinder werden keine mäkeligen Esser«, sagte ich mir siegessicher. Nun ja. Was man sich so denkt. Wie naiv ich war! Ich hatte mich an alle guten Ratschläge zum Thema Kinder und Essen gehalten. In der Schwangerschaft habe ich möglichst vielfältig gegessen, damit sie sich schon im Bauch an die verschiedenen Geschmäcker im Fruchtwasser gewöhnen. In der Stillzeit ging das munter so weiter. Bei der Beikost habe ich bunt alles zu Brei püriert und auch schon früh ganze Gemüsestü-

cke weich gekocht in Babyhände gedrückt (seit einiger Zeit nennt man das neudeutsch Baby-led Weaning, aber das wusste ich damals nicht).

Als meine Kinder dann so richtig mit uns aßen, habe ich weiter gekocht, worauf mein Mann und ich Appetit hatten. Bunt gemischt, viel Gemüse, nur mit weniger Salz und Knoblauch als sonst. Und sie aßen alles. Sie aßen gut. Sogar Brokkoli. Und Thai-Curry. – Ha, triumphierte ich. Meine Kinder essen alles. Sie sind keine Nörgler am Esstisch, sondern experimentierfreudig und aufgeschlossen. Sie mögen Gesundes und fragen nicht nach Süßem.

Tja. Zu früh gefreut. Wie war das noch mal? Hochmut kommt vor dem Fall? Tatsächlich. Es begann schleichend. Erst wurde die Petersilie von den Kartoffeln sortiert. Dann mit spitzen Fingern die Mango zurückgegeben. Und schließlich mit angeekeltem Gesicht der Brokkoli vom Teller geschubst. Es macht mich wahnsinnig! »Mein Gemüse ess' ich nicht« ist die neue Parole meiner Kinder geworden. Ich bin ja schon froh, wenn sie Ketchup über ihre Fischstäbchen tun, ist ja immerhin Tomate drin. Wenn sie schon sonst keine Tomaten mögen: »Mama, tu die Tomaten aus meiner Tomatensoße!«

Und was mich noch wahnsinniger macht – sie ändern ihren Geschmack täglich! Grünen Bohnen gingen immer. Sie waren meine Notlösung in Sachen Gemüse. Bohnen wurden gegessen. Sind gesund, Proteine, Vitamine, alles super. Aber von einem Tag auf den anderen hieß es: »Mama, ich mag doch keine Bohnen!« Gibt ja noch Erbsen, dachte ich mir. Und kredenzte einen Tag später Erbsen als Gemüsebeilage. Sie kullerten lustig über den Tisch, als sie von meinen Kindern schwungvoll vom Teller geschoben wurden.

Dann auf einmal die Hoffnung: Mein Großer erzählte, er habe in der Schule Nudeln mit Spinatsoße gegessen. Mein Herz machte einen freudigen Sprung! Und es klappte. Sie aßen es beide. Die Gemüsebeilage war gerettet! Denkste. Eine Woche später: »Wir mögen doch keinen Spinat!«– »Aber in der Schule …«, wandte ich zaghaft ein. »Da kocht auch ein professioneller Koch, da schmeckt es besser.« So ist das also. Das erklärt, wieso im Kindergarten alles gegessen wird. Wie die Kürbissuppe. Die ich auch zuhause nachkochte, nachdem mir die Erzieherin erzählt

hatte, mein Kleiner habe sich dreimal nachgefüllt. Ihr könnt schon ah-
nen, wie es zuhause ausging? Mein Mann und ich saßen da mit sechs
Tellern Kürbissuppe und die Kinder aßen trocken Brot. Das mit dem pro-
fessionellen Koch klappt übrigens beim Essengehen nicht. Kinderlogik.
Denn das ist kein Kinderkoch. Den gibt es nur im Kindergarten und in
der Schulmensa.

—— Nicht durchs Aufschlagen, sondern
durch Ausbrüten wird das Ei zum
Küken. ——

Chinesisches Sprichwort

Die guten Ratschläge zum Thema Ernährung prasseln schon während der Schwangerschaft auf einen ein. Wer sich bis dato noch nicht
mit dem Thema gesunde Ernährung befasst hat, fängt zwangsweise
ab dem positiven Schwangerschaftstest damit an. In der Schwangerschaft ergeben viele der Ratschläge tatsächlich medizinisch Sinn
– also auf Rohmilchkäse verzichten, keinen Räucherlachs mehr essen und so weiter. Aber nach der Geburt geht es munter weiter! Von
»keine Hülsenfrüchte in der Stillzeit« bis hin zu »spätestens mit vier
Monaten sollte der erste Brei eingeführt werden« reichen die vielen
Tipps, die man liest und hört. Dabei gelten in der Stillzeit eigentlich
dieselben Regeln der gesunden Ernährung wie sonst auch (abgesehen
vom übermäßigen Kaffeekonsum und Alkohol), nur dass man als stillende Mutter von einigen Nährstoffen mehr braucht als sonst. Aber
was die Rücksicht auf das Baby betrifft, gilt es, einfach auszutesten,
was vertragen wird und was nicht. Da ist nämlich jedes Baby individuell und nicht jedes Pupsen des Babys kommt davon, dass die Mutter ein Glas Milch getrunken hat.

Auch beim Thema Beikost ist man mittlerweile entspannter geworden: Statt pauschal zu sagen, ab dem vierten Monat müsse man
zufüttern, ist auch hier die Erkenntnis gewachsen, dass jedes Baby

anders ist. Wenn das Baby die Beikost verweigert und den Brei einfach wieder aus dem Mund bugsiert, ist es ratsam, noch einige Zeit zu warten. Der richtige Zeitpunkt ist dann einfach noch nicht gekommen. Nicht umsonst lautet der allgemeine Ratschlag mittlerweile, dass man zwischen dem 4. und 6. Monat mit der Beikost anfangen sollte. Was freilich nicht heißt, dass die Babys sofort ein Glas Brei verputzen. Wie bei eigentlich allem hat jedes Kind sein eigenes Tempo und das betrifft auch das Tempo der Beikosteinführung. Dasselbe gilt übrigens auch für die Entscheidung, ob Brei oder Baby-led Weaning – hier ist jedes Baby anders. Was bei einem Baby klappte, kann schon beim Geschwisterkind ganz anders sein. Vor allem eines sollten Eltern vermeiden: einen Glaubenskrieg um das Thema Beikosteinführung zu führen!

Mythen rund ums Essen

Auch wenn die Kinder älter werden und am Familienessen teilnehmen, ist es förderlich für das Klima am Esstisch, nicht alles verbissen zu sehen. Manche Dinge, von denen man meint, »man muss sie so machen«, entpuppen sich beim genaueren Hinsehen sogar als Mythen. So müssen natürlich nicht alle Zutaten frisch sein, manche Dinge sind tiefgekühlt gesünder und sogar Dosenessen kann mehr Nährstoffe enthalten – zum Beispiel bei Tomaten. Auch muss es nicht unbedingt eine warme Mahlzeit am Tag geben, es gibt auch gut sättigende und vollwertige kalte Speisen wie kalte Salate. Ebenso wenig brauchen Kinder jeden Tag Fleisch: Das Forschungsinstitut Kinderernährung empfiehlt derzeit, dreimal die Woche Fleisch zu füttern. Eine vegetarische Ernährung ist möglich, aber schwierig, wenn die Kinder auch in Sachen Gemüse eher pingelige Esser sind. Hier müssen Eltern genau hinschauen und sich gegebenenfalls mit ihrem Kinderarzt besprechen.[29]

Und noch eine Aussage ist unbedingt in die Welt der Gerüchteküchen zu schicken: »Es muss immer aufgegessen werden.« Unvergessen ist, wie ich selbst als Kind am Tisch saß und mich durch meine Portion Labskaus quälen musste, die ich mir noch nicht einmal selbst aufgetan hatte. Wenn man auf diesen Zwang verzichtet, steigt die Laune am Essenstisch sofort! Man umgeht nicht nur viele Konflikte, sondern tut seinem Kind auch noch etwas Gutes, wenn man auf diesen Satz verzichtet. Denn Kinder wissen ganz gut selbst, wie viel sie brauchen. Sie haben ein angeborenes Sättigungsgefühl. Wann die Sättigung erreicht ist, schwankt natürlich, so wie bei uns auch. Wir Erwachsenen haben schließlich auch nicht immer gleich viel Appetit! Kein Baby muss »noch ein Löffelchen für Opa« und »noch ein Löffelchen für Tante Gerda« essen. Dreht es den Kopf weg und möchte nicht mehr, ist es satt. Das haben wir zu akzeptieren, auch wenn noch ein fast volles Gläschen vor uns steht. Genauso ist es bei Kindern. Ein Teller muss nicht leergegessen werden – ganz ehrlich, die Mär vom schönen Wetter haben wir doch selbst nicht geglaubt!

Wenn ihr feststellt, dass eure Kinder beim Abendessen immer schon satt sind, weil sie eine Stunde vorher noch die Süßigkeitenschublade geplündert haben, dann ist das der Punkt, an dem ihr ansetzen solltet. Ich bin dazu übergegangen, meinen Kindern einen Teller Gurken und Möhren hinzustellen (das einzige Gemüse, das immer ohne Meckern geht), während ich Essen koche. Erstens ist dann der Heißhunger gestillt, aber nicht zu sehr, sodass vom Hauptgericht noch etwas reinpasst. Und zweitens essen sie das Gemüse komischerweise nicht, wenn der Gurkenteller beim Hauptessen auf dem Tisch steht.

Natürlich benötigen Kinder Vitamine und Nährstoffe! Ohne geht es nicht und niemand kann sich auf Dauer nur von Pommes, Eis und Toast mit Nutella ernähren. Und auch wochenlang nur Nudeln mit Butter ist eher suboptimal. Wie schafft man es also, dass Kinder sich gesund ernähren – ganz ohne Druck und Streiterei? Denn Druck und Streit ist kontraproduktiv. Das gemeinsame Familienessen sollte Zeit zum Wohlfühlen sein, etwas, an dem alle Familienmitglieder gern teilnehmen. Und genauso wenig, wie ihr am Tisch über die Manieren der Kinder motzen solltet, solltet ihr die Atmosphäre durch Nörgelei über das Essverhalten vergiften.

Drängt die Kinder nicht zum Essen!

Menschen kommen mit einem angeborenen Sättigungsgefühl auf die Welt. Es geht allerdings durch den Zwang, den Teller leer zu essen, verloren. Und das erhöht nachweislich das Risiko von Essstörungen und Übergewicht. Durch den Übereifer, dass die Kinder immer eine bestimmte Portion essen müssen, zerstören wir dieses von der Natur angelegte Sättigungsgefühl. Deshalb: Entspannt euch! Lasst die Kinder so viel essen, wie sie möchten.

Kein Stress am Esstisch

Was hilft also? Geduld. So viel vorweg: Ihr werdet eine Menge davon benötigen. Immer und immer wieder solltet ihr gesunde Alternativen anbieten. Forscher der University of Tennessee haben herausgefunden, dass Kinder Essen, das sie zuerst ablehnen, irgendwann akzeptieren, wenn sie es nur häufig genug vorgesetzt bekommen. Häufig genug heißt in diesem Fall acht- bis 15-mal.[30] Oft hilft es auch, die Darreichungsform zu ändern. Viele Kinder mögen es nicht, wenn das Essen »durcheinander« auf dem Teller liegt oder alles mit Soße vermischt ist. Deshalb ist es einfacher, die einzelnen Gemüsesorten und die Beilagen zu sortieren und auch die Soße separat zu reichen. Meine Kinder haben eine ganze Zeitlang alles lieber in die Soße eingetunkt, anstatt es mit der Soße zu vermischen. Manche Kinder essen bestimmte Gemüsesorten lieber als Rohkost (meine Kinder mögen Mohrrüben zum Beispiel nur roh). Und manche essen Rosenkohl aus dem Ofen, aber bloß nicht gekocht, oder Kürbis püriert, aber nicht am Stück. Es gibt auch Kinder, die Gemüse essen, wenn es püriert in einer Soße versteckt ist, andere Kinder aber kommen ihren Eltern sofort auf die Schliche. Ein wenig Experimentieren lohnt sich auf jeden Fall!

Wir haben die Regel eingeführt, dass immer von allem probiert werden muss. Auch, wenn es vor einer Woche nicht geschmeckt hat – bekanntlich ändert sich ja der Geschmack. Wer gar nichts mag, isst Nudeln, Reis oder Kartoffeln (was es halt als Sättigungsbeilage gibt) ohne alles. Ich versuche, das Essen für jede Woche so zu planen, dass es immer wieder Gerichte gibt, bei denen ich weiß, dass alle sie ohne Meckern essen. Und wenn ich für meinen Mann und mich etwas Ausgefalleneres koche, dann gibt es für die Kinder Nudeln mit Tomatensoße, das geht immer. Und in der Soße ist praktischerweise eine Portion Tomaten, also Gemüse, enthalten! Das Gesunde, das sie mögen, gibt es dafür reichlich: Äpfel, Gurken, Möhren und je nach Saison Weintrauben, Blaubeeren und Erdbeeren. Es lohnt sich, ein wenig auszuprobieren, was den Kindern schmeckt.

Aber wieso sind Kinder eigentlich oft so wählerisch beim Essen und essen manchmal wochenlang nur Nudeln mit Tomatensoße? Auch hier ist der Grund, wie so oft im Leben mit Kindern, in der Vergangenheit zu finden. Früher, also so richtig viel früher, hat es Kindern das Überleben gesichert, nicht alles zu essen, was die Natur ihnen vor die Nase setzte. Denn so aßen sie nichts Giftiges und griffen nur zu dem Bekannten. Darin ist auch die Aversion gegen grünes Gemüse begründet, denn Grün steht oft für »bitter« und »bitter« oft für »ungenießbar«. Die Abneigung gegen Dinge, die man nicht kennt, und Spinat und Brokkoli ist also angeboren.

Und allen, die jetzt noch so stolz darauf sind, dass ihre Babys alles essen, möchte ich warnend zurufen: »Freut euch nicht zu früh. Bei den allermeisten Kindern kommt es zu einer wählerischen Phase.« Meistens geht es ab 18 Monaten los. Und wenn es so weit ist, müsst ihr euch keine Sorgen machen: Es ist ganz normal. Liegt quasi in unseren Genen!

Wie viel Süßes darf es sein?

Genauso in den Genen liegt leider auch die Vorliebe für Süßes, von der, seien wir doch mal ehrlich, auch wir Großen uns nur unter Anstrengungen freimachen können. Auch diese Vorliebe stammt aus der Steinzeit. Süßes war nicht giftig. Süßes brachte schnelle Energie und Kalorien. Und da Essen nicht immer verfügbar war, ist der Mensch genetisch so veranlagt, sich dann den Bauch vollzuschlagen, wenn er kann, um sich ein Polster für schlechte Zeiten anzulegen. Diese Polster werden wir heute nur nicht mehr so einfach los wie unsere Vorfahren, die lässig 10 000 Schritte am Tag liefen. Kinder fahren also auf Süßes ab. Dass Zucker ungesund ist, ist klar. Er schadet den Zähnen, macht dick, macht die Darmflora kaputt, die wiederum für unser Immunsystem wichtig ist, verursacht auf längere Zeit Diabetes Typ 2 und hat keinerlei gesundheitliche Vorteile oder nennenswerte Nährstoffe.

Natürlich kann man Kindern Süßigkeiten verbieten. Das klappt aber nur bedingt und meist auch nur beim ersten Kind – höchstens so lange, bis es in den Kindergarten kommt. Wir waren beim ersten Kind tatsächlich noch recht konsequent. Wenn die Kinder Süßigkeiten nicht kennen, fordern sie sie auch nicht ein, dachten wir. Was eine Weile klappte. Eine Zeitlang konnten wir uns rausreden und nichts vom Eis abgeben: »Das ist nur für Große.« Es ging fast zwei Jahre lang gut, dann machte es bei ihm klick: Wieso dürfen andere Kinder Eis essen? Das kann ja gar nicht nur für Erwachsene sein! Ich spoilere mal: Beim zweiten Kind gab es kurz nach dem ersten Geburtstag das erste Eis und die ersten Süßigkeiten. Und beim dritten Kind noch vor dem ersten Geburtstag. Den Kindern Süßigkeiten vorzuenthalten, klappt ungefähr so gut, wie sie ohne Fernsehen zu erziehen. Was verboten ist, wird für Kinder erst recht interessant – das gilt nicht nur bei Naschkram, sondern auch bei Dingen wie Fernsehen oder den digitalen Medien. Wenn die Kinder zuhause nie naschen dürfen, dann schlagen sie bei einem Kindergeburtstag total über die Stränge oder naschen heimlich.

Seien wir doch realistisch: Es ist sehr schwer, Kinder ganz ohne Süßigkeiten aufwachsen zu lassen. Da wir alle nicht auf einer Insel leben, werden sie früher oder später Bekanntschaft mit Zucker machen. Besser ist es also, ihnen einen maßvollen Umgang damit beizubringen. Und diese Regel gilt auch für das Fernsehen und das Daddeln am Tablet. Bei uns gilt zum Beispiel die Regel, dass es nur einmal am Tag etwas Süßes gibt. Dazu zählt übrigens auch das Rosinenbrötchen nach dem Kindergarten, also nicht nur Kekse oder Schokolade. Am Wochenende gibt es selbstgebackenen Kuchen, bei dem ich den Zuckergehalt selbst bestimmen kann. Wichtiger, als das Naschen komplett zu verbieten, ist es, im Alltag auf den versteckten Zucker im Essen zu achten und ihn zu reduzieren. Zucker steckt nämlich überall drin und das ist das Fiese: Man gewöhnt sich dadurch an den süßen Geschmack. Besser ist es zum Beispiel, ungezuckerten Naturjoghurt zu servieren und den fertigen aromatisierten und gezuckerten Joghurt unter die Kategorie »Naschkram« fallen zu lassen.

Was das Thema Essen mit Kindern ungemein erleichtert ist – wie so oft im Familienleben – Geduld, Nachsicht und eine gewisse Lockerheit. Mit der Zeit erweitert sich der Geschmack der Kinder und das Meckern wird weniger – und mit der Zeit legt man sich ein dickeres Fell zu und kann das Gemecker immer besser überhören.

WEIL **GOTT** NICHT ALLES ALLEIN MACHEN WOLLTE, SCHUF ER DIE **MÜTTER.**
– BUCH DES KABUS

Mama sein ist nicht immer einfach

Die eine Hand schmiert das Brot für das Kindergartenfrühstück, die andere Hand schenkt Milch ins Müsli, während sich die Gedanken darum drehen, wie viel Geld das Schulkind für das Schulbuch mitnehmen sollte. »Mama, ich muss aufs Klo!«, ruft es vom Frühstückstisch und der Dreijährige klettert vom Hochstuhl herunter.

Ja, eine dritte oder gar eine vierte Hand wären jetzt toll. Eine Hand, die schnell die Frühstücksboxen vorbereiten kann, und eine weitere Hand, die schon mal den Kaffee macht, den ich nach der durchwachten Nacht dringend bräuchte. Während die Kinder endlich ihr Müsli futtern, fragt der Gatte rufend aus dem Schlafzimmer, ob ich seine zweite Socke gesehen hätte, um dann eine Minute später zu ergänzen: »Wieso haben wir kein Klopapier mehr?!«

Also ein ganz normaler Morgen: Frühstücksbrote schmieren, müde Kinder aufwecken und überreden, endlich aus den Federn zu kriechen, Pausenbrote vorbereiten, Kaffee kochen und, wenn alles gut geht, auch noch warm trinken, beim Anziehen helfen, den Fahrradhelm suchen, noch kurz vor knapp die Mathearbeit unterschreiben und bloß nicht die gewaschenen Ersatzklamotten für den Kindergarten vergessen!

Es ist logisch, dass man doch irgendetwas vergisst. »Haben Sie die fünf Euro für den Ausflug morgen dabei?«, empfängt mich die Erzieherin im Kindergarten vorwurfsvoll. Total vergessen! Man kann doch nicht alles im Kopf haben. Eigentlich bräuchte ich jetzt ganz dringend einen zweiten Kaffee. Während ich geduldig warte, bis die Hausschuhe übergezogen sind, fällt mein Blick auf den Post-it über der Garderobe: »Bitte Windeln mitbringen!« Hing der gestern auch schon da? »Und denken Sie dran, morgen müssen die Kinder schon um acht hier sein!«, ruft die Erzieherin mir noch hinterher und noch irgendwas von extra Getränkeflasche und Gummistiefeln. Das muss jetzt auch noch irgendwo abgespeichert werden, zwischen der Einkaufsliste, den fünf Euro für den Ausflug und den Windeln. Und brauchte das Schulkind nicht noch neue Tintenpatronen? Ach ja, Klopapier war auch alle! Ein ganz normaler Tag.

Wenigstens steht kein Kinderturnen an. Dafür fällt mir kurz vor dem Ins-Bett-Bringen ein, dass Tante Emma Geburtstag hat, genau die, die immer beleidigt ist, wenn man diesen Tag vergisst. Und natürlich habe ich es nicht geschafft, rechtzeitig eine Karte abzuschicken. Als das Geburtstagstelefonat beendet ist, alle Kinder mehr oder weniger freiwillig die Zähne geputzt haben, fällt mein Blick auf die nicht aufgehängte Wäsche, die seit sieben Stunden in der Waschmaschine vor sich hin müffelt, wo natürlich genau das Hemd drin ist, dass der Gatte am nächsten Tag braucht, und die Sporthose, die das Schulkind für den Sportunterricht benötigt.

Nachdem ich mal wieder bei der Einschlafbegleitung der Kinder miteingeschlafen bin, schrecke ich um 22 Uhr hoch, tapse zur Waschmaschine, hänge schnell die Sachen auf und schreibe noch »Waschmittel« auf die Einkaufsliste für den nächsten Tag. Den auf dem Sofa eingeschlafenen Ehemann lasse ich an Ort und Stelle weiterschlafen. Und während ich so im Bett liege und wieder einschlafen will, rattern im Kopf all die Dinge, die am nächsten Tag erledigt werden müssen. Und kurz vor dem Einschlafen zuckt noch ein letzter Blitz durch mein Gehirn: »Die Kinder *brauchen noch einen neuen Zahnarzttermin!« Fertig ist am Ende des Tages nichts. Fertig bin nur ich selbst.*

Nie fertig werden und immer zuständig sein

Wenn jemand in unserem Haus etwas sucht, dann kommt immer dieselbe Antwort: »Frag Mama.« Mama weiß alles. Mama weiß, wo welche Klamotten im Schrank liegen und was gerade in der Wäsche ist. Mama weiß, wann die nächste U-Untersuchung ansteht. Mama weiß, wie viel Geld für den Kindergartenausflug fällig ist, und Mama weiß alle Geburtstage aus dem Kopf. Dieses ständige Für-etwas-zu-ständig-Sein nennt man neudeutsch auch »Mental Load«, die mentale Last, die in vielen Familien immer noch fast vollständig bei der Mutter liegt. Es ist das An-alles-denken-und organisieren-Müssen.

Laut einer Oxfam-Studie leisten Frauen und Mädchen weltweit etwa 12,5 Milliarden Stunden Haus-, Pflege- und Care-Arbeit.[31] Arbeit, die niemand vergütet. Arbeit, die niemand wirklich sieht – und die deshalb für selbstverständlich gehalten wird. Es ist sind einzeln genommen keine großen Dinge, aber in der Summe ist es eine enorme Belastung für die psychische und physische Gesundheit. Laut Müttergenesungswerk sind rund zwei Millionen Mütter in Deutschland kurbedürftig – Tendenz steigend.[32]

Die Lösung des Problems liegt jedoch nicht nur darin, sich Hausarbeit und Kinderbetreuung aufzuteilen (was ja auch schon ein Balanceakt ist, über den sich Paare einig werden müssen), sondern auch den Mental Load. Denn die wirkliche Belastung ist nicht die Ausführung der Aufgaben (also das neue Klopapier zu kaufen), sondern daran zu denken bzw. es zu delegieren. »Mental Load bedeutet, an die einzelnen Aufgaben zu denken, sie zu planen und zu konzipieren. Die Ausführung ist dann oft das geringste Problem«, schreibt Laura Fröhlich in ihrem Buch »Die Frau fürs Leben ist nicht das Mädchen für alles«. Die Lösung muss also auch sein, diese mentale Last aufzuteilen, sodass der Partner nicht nur die Aufgaben ausführt, die ihm aufgetragen werden, sondern von sich aus sieht, was es zu tun gibt, mitdenkt und nicht nur Befehlsempfänger ist. Der Weg führt nur über eine echte gemeinschaftliche Planung, das Aufteilen von Verantwortungsbereichen und das Sich-bewusst-Werden: »Ich bin nicht für alles da.« Denn damit verbunden ist auch, loslassen und Verantwortung abgeben zu können.

Doch der Mental Load ist nicht alles, was Mütter heutzutage unter Druck setzt. Denn da sind auch noch die Supermuttis mit ihren Superkindern und nicht zu vergessen all die Menschen mit ihren (oft unerbetenen) Ratschlägen, die einem das Leben schwer und Müttern ein schlechtes Gewissen machen. Nicht immer sind das bewusste Schuldgefühle, sondern eher diffuse Gefühle im Unterbewusstsein, von denen man sich nur schwer freimachen kann. Doch die Mühe lohnt sich!

Supermuttis und ihre Superkinder

Die kleine Clara kann schon Etüden von Chopin auf dem Klavier spielen. Und Julius aus der Nachbarstraße hat sein erstes Buch gelesen, noch vor der Einschulung. Seine Schwester ist neun und liest sowieso schon lange, aber was sie noch viel besser kann: artig die Hand geben, Bitte und Danke sagen und essen, ohne dass ihre adretten Kleidchen dreckig werden. Kein Wunder, bei so einer Mutter: Wie aus dem Ei gepellt steht sie da auf dem Spielplatz, die Füße in modischen und vor allem sauberen Boots, die Haare schön (und frisch gewaschen) und die Fingernägel maniküert. Sie erzählt gerade von ihrem Urlaub auf den Malediven (»Und die Kinder waren so artig auf dem langen Flug!«), während sie für ihre Kinder Dinkelstangen und Apfelschnitze aus der Handtasche zaubert.

Während ihre Kinder einträchtig auf der Bank sitzen und vor sich hin knabbern, stürmen meine Kinder heran, schubsen sich und brüllen: »Hast du Schokoriegel mit, Mama?!« Nee, heute nicht. Auch kein Wasser. Ich Rabenmutter bin ganz ohne Verpflegung auf den Spielplatz gekom-

men. *Mein Sohn knubbelt an dem Loch in seiner Hose, macht es noch ein bisschen größer und zieht ab, nicht ohne seinem Bruder zuzuraunen: »Hab ich doch gesagt, Doofmann.« »Wollt ihr noch auf einen Kaffee bei uns vorbei?«, fragt Julius' Mutter. Ich lehne dankend ab. Denn ich weiß, wie es bei Julius aussieht: weißes Sofa, fleckenlos, frisch gestaubsaugt, lauter lebendige Zimmerpflanzen hübsch drapiert in der stylischen Altbauwohnung mit den Schriftzug-Drucken an der Wand und den Pastellfarben im Kinderzimmer, das aussieht wie aus dem Katalog.*

»Kann Julius mit zu uns?«, fragt einer meiner Söhne. Julius' Mutter will sich auch gleich mal selbst einladen. »Äh, keine Zeit, wir müssen dringend noch mal einkaufen«, lasse ich mir die erstbeste Ausrede einfallen, die mir in den müden Sinn kommt. Ich sehe die adrett gekleideten Kinder und ihre Mutter mit den duftenden Haaren in unserem Wohnzimmer stehen, neben den Krümeln unter dem Esstisch, den auf den Boden geworfenen Sofakissen, den traurig die Blätter abwerfenden Zimmerpflanzen und dem vollen Wäschekorb, der auf dem Sofa allen Platz einnimmt. An das Kinderzimmer mit den halb fertigen Legomodellen, Polizeiautos und am Teppich klebenden Knetfiguren mag ich gar nicht denken.

Der Wettbewerb beginnt bereits kurz nach der Geburt. »Hat es dich schon angelächelt? Kann es sich schon drehen? Schläft es schon durch? Also mein Kind lächelt ja schon und versucht sich immer zu drehen. Und es schläft seit einer Woche durch.« Und dann steht man da in der Rückbildungsgymnastik, hat die Nacht über mal wieder im Zwei-Stunden-Rhythmus gestillt und das erste bewusste Lächeln des Babys lässt auch auf sich warten. Und dieser Wettbewerb geht munter weiter, je älter die Kinder werden. Wer hat den ersten Zahn? Wer isst als Erstes Brei? Wer kann sich schon allein anziehen, malen, den Namen schreiben, Rad fahren, schwimmen und so weiter. In der Schule kommen dann noch die Noten dazu, die das Vergleichen einfacher machen. Die Kinder werden gleich in ein Raster gepackt, wie praktisch!

—— Das Vergleichen ist das Ende des Glücks und der Anfang der Unzu–friedenheit. ——

Søren Kierkegaard

Das Muttersein von heute scheint manchmal ein einziges Vergleichen und Übertrumpfen zu sein. Nicht immer geschieht das bewusst. Selbst wenn einem klar ist, dass jedes Kind sein eigenes Tempo hat, ist es nicht immer einfach, sich diesem Wettbewerb zu entziehen. Wenn alle Kinder im Schwimmkurs munter ins Becken springen und nur das eigene Kind schon die Dusche vorab verweigert, dann ist es nicht einfach, ruhig zu bleiben. Und auch das selbst aufgesagte Mantra »Das Kind wächst nicht schneller, wenn man daran zieht« hilft nicht gegen das schale Gefühl, das sich im Magen ausbreitet, wenn die Nachbarskinder auf ihren Fahrrädern vorbeiflitzen, während das eigene Kind sich immer noch weigert, Radfahren überhaupt zu üben.

Das Muttersein ist nicht einfach heutzutage. Denn zu dem »Mein Kind kann aber schon ...«-Wettbewerb gesellt sich noch mehr. Es ist nicht nur die Supermutti auf dem Spielplatz, mit der man sich, auch ohne es zu wollen, vergleicht. Da sind auch noch all die Supermuttis im Internet und in den sozialen Medien. Mit ihren perfekten Wohnzimmern, den gestylten Kinderzimmern und sorgfältig drapierten Obsttellern, die dann unter dem Hashtag #obstmandala stolz auf Instagram präsentiert werden. Passend dazu die Fotos von der Brotbox, in der das Vollkornbrot sternförmig ausgestochen ist und das Biogemüse aufgespießt und mit Petersilie drapiert danebenliegt.

Keine Frage, das Internet hat viele Vorteile. Sehr viele. Es macht uns das Leben leichter und ich kann mir ein Leben ohne all diese Erleichterungen nicht mehr vorstellen. Noch nie war es so einfach, rund um die Uhr so viele detaillierte Informationen und Antworten auf seine Fragen zu erhalten. Allerdings auch viele nicht fundierte Antworten und völlig falsche Informationen. In Zeiten des Internets nennen sich viele Leute Experten, deren Expertise ungeprüft oder selbsternannt ist. Die richtigen von den falschen Antworten zu trennen, ist ein Kraftakt und gerade für junge Eltern, die noch keine eigenen Erfahrungswerte haben, nicht immer einfach.

Schöne heile Instagram-Welt?

Untrennbar mit dem Internet verbunden sind die sozialen Medien, die das Muttersein verändert haben. Sie erleichtern vieles, keine Frage. Zu sehen, dass es anderen auch so geht, dass man nicht die Einzige in der Situation ist, hilft ungemein. Wenn ich weiß, dass ich nicht die Einzige bin, die eine durchwachte Nacht hinter sich gebracht hat, lässt sich die Müdigkeit leichter ertragen. Liest man von anderen Müttern, dass ihre Kinder auch erst mit eineinhalb Jahren ihre ersten Schritte machten und mittlerweile herumflitzen wie alle anderen Kinder, dann beruhigt das. Und lässt auch die immer wiederkehrende Frage der Schwiegermutter, wann der Enkel denn nun endlich läuft und ob wirklich alles in Ordnung mit ihm ist, besser ertragen.

Gerade in Netzwerken wie Instagram und Pinterest gibt es so viel geballte Inspiration und Anregungen, wie man sie nicht einmal in der Bücherei findet: von Bastelanleitungen über Büchertipps und Kochrezepte bis zu Reisezielen, Einrichtungstipps und Life-Hacks. Auch Nischenthemen werden bedient, für die man früher lange nach Büchern oder Zeitschriften suchen musste. Eine Bereicherung, keine Frage. Soziale Netzwerke sind sozial, sie schaffen eine Gemeinschaft. Sie helfen auch gegen die Einsamkeit, die gerade frischgebackene Mütter manchmal verspüren, wenn die Tage mit dem Baby lang werden. Vor allem, wenn man im Freundeskreis die Erste mit Kind ist, tut es gut, über den Tellerrand zu schauen und Kontakte zu knüpfen. Die Welt ist kleiner geworden durch das Internet.

Aber – jetzt kommt das große Aber: Gerade in den sozialen Netzwerken werden Scheinwelten gezeigt. Auf vielen Profilen, gerade bei Instagram, wird ein perfektes Leben dargestellt – besonders bei den großen Insta-Mamas mit vielen Followerinnen. Top gestylt zeigen sie sich, ihre Kinder in teuren, natürlich sauberen Markenkla-motten, in einer perfekt eingerichteten Welt mit Kinderzimmern, in denen man sogar den Fußboden betreten kann. Ab und zu wird mal ein wenig »Chaos« gezeigt, aber auch das perfekt inszeniert: »Huch, heute herrscht hier kreatives Chaos« steht dann da unter dem Bild vom Kinderzimmer wie aus dem Einrichtungskatalog. Das Chaos sind fünf umgekippte Bauklötze (natürlich aus Bio-Holz), die in der Mitte des ansonsten frei geräumten und selbstverständlich gestaubsaug-ten Teppichs liegen.

Natürlich werden und wurden solche Fotos auch in Zeitschriften gezeigt. Aber bei Bildern in einer Zeitschrift oder auch von Promis weiß man, dass sie inszeniert sind. Dass es Ausschnitte sind. Dass ein professioneller Fotograf mit der richtigen Beleuchtung eine entspre-chende Szene fotografiert hat – und dafür alles Störende aus dem Bild geschoben hat. Wir wissen, dass Bilder in Zeitschriften und Homesto-rys von Promis nachbearbeitet werden. Und Zeitschriften versuchen auch gar nicht, zu suggerieren, dass sie das echte Leben zeigen.

Bei Instagram und Co. jedoch wird versucht, so zu tun, als zeige man das reale Leben, als nehme man die Followerinnen mit in das ei-gene Haus, als seien die Followerinnen Teil dieses Lebens. Durch diese Ansprache fehlt der Abstand, den man zwischen einen Zeitschriften-beitrag und sich selbst legt. Bei Prominenten weiß man, dass Kinder-mädchen, Haushälterin und Köchin diesen Lebensstil ermöglichen. Influencerinnen wollen jedoch »eine von uns« sein und wecken zu-mindest unterbewusst das Gefühl: »Wenn die das so mühelos mit ih-ren zwei Kindern und dem Hund schafft, dann muss ich es doch auch schaffen. Aber wieso schaffe ich es nicht?« Durch Instagram ist eine neue Form von Vergleichbarkeit entstanden, die uns nicht guttut und unter Druck setzt – sei es auch nur unterbewusst.

Was hilft gegen den Druck?

Nehmt immer wieder bewusst Abstand von den sozialen Medien. Macht euch immer wieder klar: Was wir im Internet sehen, ist immer nur ein kleiner Ausschnitt. Vergesst es nicht. Es gibt immer die Welt außerhalb der Bildränder. Das, was keiner zeigen möchte. Das Spielzeugchaos vor der schicken Sofaecke. Die Stapel auf der Arbeitsfläche in der Küche mit den Dingen, von denen man nicht weiß, wohin man sie sonst legen soll. Die leeren Tassen auf der Treppe, die man irgendwann mal mit runternimmt in die Küche – spätestens dann, wenn in der Küche keine sauberen mehr aufzutreiben sind. Erinnert euch immer wieder selbst daran, wenn das schlechte Gewissen an euch nagt: Wir bekommen in den sozialen Medien nur Ausschnitte präsentiert. Das, was gesehen werden soll. Was einen selbst, das Haus, die Kinder so zeigen soll, wie man gern gesehen werden möchte. Alles, was diesen Schein zerstört, wird aus dem Bild geschoben, abgeschnitten. Als wäre es nicht da, nur weil es nicht im Rahmen ist.

Es ist aber da, bei jedem von uns. Niemand ist nur das, was man im Bildausschnitt sieht. Jede von uns hat ihren kleinen Stapel, der von allein nachwächst. Die einen haben mehr Stapel, die anderen weniger. Aber es gibt sie! Ich bin dazu übergangen, mir bei allen allzu perfekten, gestylten Fotos im Internet die Welt außerhalb des Bildausschnitts vorzustellen. Den Wäschekorb neben den Vasen, die zur Seite geschobenen dreckigen Teller in der Küche. Und schon fühle ich mich besser. Denn ich weiß: Was ich da zu sehen bekomme, ist immer nur ein Ausschnitt. Wir sehen nie alles. Wir kennen nicht die ganze Wahrheit und die wirklichen Hintergründe. Was übrigens nicht nur für Deko und Inneneinrichtung gilt. Auch von den Menschen, denen wir im Internet folgen, kennen wir immer nur einen Ausschnitt. Wir kennen nie die ganze Geschichte, nicht alle Hintergründe. Auch wenn wir glauben, sie zu kennen. Wir bekommen nur das zu sehen, das zu lesen, was sie uns zeigen und wodurch sie ein bestimmtes Bild vermitteln wollen.

Deshalb müssen wir uns allerdings nicht ganz aus den sozialen Medien zurückziehen – denn wie beschrieben, bietet das Internet auch viele Vorteile. Wichtig ist nur, bewusst zu konsumieren. Dinge zu hinterfragen. Sich inspirieren zu lassen. Und immer wieder in sich hineinzuhören – auf die eigene Stimme, das eigene Bauchgefühl – und so den eigenen Weg zu suchen. Für diesen eigenen Weg können wir uns im Internet bedienen, die sozialen Medien als Anregung nutzen.

Immer diese Ratschläge – Mut zum eigenen Weg

Neulich im Café beobachtete ich eine junge Mutter. Sie holte eine Thermoskanne aus dem Kinderwagen, gab Milchpulver hinein, schüttelte und gab ihrem kleinen Baby das Fläschchen. Nicht ohne sich dreimal zu entschuldigen, dass sie ihr Baby leider nicht stillen könnte und es so gerne gemacht hätte. Einen Tag später entschuldigte sich eine Mutter im Kindergarten mehrmals dafür, dass ihr Dreijähriger noch im Buggy sitzt: »Er ist immer so müde nach dem Kindergarten und will nicht laufen.« Und beim Bäcker entschuldigte sich eine andere Mutter dafür, dass sie ihrem Sohn ein Milchhörnchen statt ein Vollkornbrötchen kaufte: »Er hat sich den ganzen Tag darauf gefreut, aber sonst hole ich nur Vollkorn.« Wieder einen Tag später in der Kindergartengarderobe entschuldigte sich eine andere Mutter, dass sie ihrer Tochter einen Schneeanzug vom Discounter anzieht und kein teures Markenprodukt: »Der Anzug von XY ist gerade in der Wäsche.« Kurz darauf im Biosupermarkt entschuldigte sich eine Mutter für ihre Babytrage, das Tragetuch sei gerade in der Waschmaschine.

Was ist da los? Man läuft durch die Stadt und ringsherum entschuldigen sich Mütter für ganz selbstverständliche Dinge, die, mit Verlaub, doch eigentlich niemanden etwas angehen. Die Windeln im Einkaufswagen sind für den Vierjährigen? Na und? Muss sich dafür jemand rechtfertigen? Nein! Wieso bitte muss sich jemand schuldig fühlen, weil nach der schwierigen Kaiserschnittgeburt mit Vollnarkose das Stillen einfach nicht klappte? Man muss es noch nicht einmal begründen. Es ist eine ganz persönliche Entscheidung. Wieso muss sich jemand schuldig füh-

len, weil das Kind im Buggy sitzen möchte? Woher kommen die Schuld-
gefühle, wenn man dem Kind nachmittags ein Milchhörnchen kauft?
(Mache ich übrigens auch!) Oder weil der Vierjährige nachts noch
Windeln braucht? Und was bitte ist so schlimm daran, dass das Kind
im Schneeanzug vom Discounter steckt und nicht im viermal so teuren
Markenanzug? Eben. Nichts ist schlimm daran.

—— Nichts bringt uns mehr vom Weg zum
Glück ab, als dass wir uns nach dem
Gerede der Leute richten statt nach
unseren eigenen Überzeugungen. ——

Seneca

Den eigenen Weg zu finden, ist leichter gesagt als getan bei der Menge an ungebeten Ratschlägen und Besserwisser-Kommentaren, die gerade auf frischgebackene Mütter einprasseln. Jeder meint es besser zu wissen, auch kinderlose Menschen. Und wie man es macht, scheint man es falsch zu machen, eigentlich kann man nur scheitern. Kinder großzuziehen, gleicht oft dem Gang durch ein Minenfeld. Das Kind braucht doch eine Mütze! Wie lange stillen? Welcher Kinderwagen ist der beste? Wann mit dem Brei anfangen? Was ist besser, Babyschwimmen oder PEKiP? Waldkindergarten oder doch Waldorf? Jeder meint es besser zu wissen, die Schar der (selbsternannten) Experten ist groß. Erziehung und Muttersein ist mit vielen Dogmen verknüpft. Und mit vielen Ansprüchen, denen man als Normalsterbliche gar nicht gerecht werden kann. Und auch gar nicht muss. Keiner der Erziehungsstile ist absolut. Wir müssen uns nicht hundertprozentig einen Stil überstülpen und verbissen daran festhalten. Es sind alles Vorschläge, aus denen wir uns das nehmen, was zu uns und unserer Familie passt. Ausnahmen sind erlaubt, immer wieder, bei fast allen Dingen.

Aber nach welchen Kriterien sollen Eltern sich im Gemischtwaren-laden »Erziehung« bedienen? Wonach sollen sie entscheiden? Was hilft ihnen dabei? Neben Lesen und Informieren wird immer wieder das Bauchgefühl genannt. Und mit Sicherheit ist es immer gut, es zu befragen. Denn nicht nur der Verstand hat etwas zu melden, sondern auch das Herz und der Bauch. Aber auch mit dem Bauchgefühl ist das so eine Sache. So schreibt die Erziehungsexpertin Nora Imlau in ihrem Buch »Mein Familienkompass«: »Sowohl unsere Gedanken als auch unsere Gefühle in Bezug auf unsere Kinder entstehen nicht im luftlee-ren Raum und erwachsen niemals aus uns selbst heraus. Sie sind viel mehr die Quintessenz unserer Glaubenssätze und Prägungen, Hoff-nungen und Ängste – und damit oft viel weniger unser individueller Weg, als wir oft glauben.« Wir sind also beeinflusst von außen, auch wenn wir beschließen, nur noch unseren eigenen Weg zu gehen. Und das ist auch der Grund, weshalb besonders in den Momenten, in de-nen nicht alles glattläuft, Zweifel in uns aufkommen. Diese Zweifel zu-zulassen, ist okay. Ihr dürft zweifeln, ihr dürft nachjustieren, ihr dürft Entscheidungen korrigieren. Euer Weg verläuft nicht immer geradeaus. Schlangenlinien sind völlig normal, Abzweigungen genauso und Kreisverkehre auch. Ja, ihr dürft sogar rückwärtsgehen und eine an-dere Abzweigung wählen.

Kinder brauchen keine perfekten Eltern

Das Gute ist doch, und das solltet ihr euch immer wieder ins Gedächt-nis rufen oder laut vorsagen, wenn die Zweifel, die Ängste und Sorgen zu groß werden: Niemand muss perfekt sein. An dem Anspruch, per-fekt zu sein, können wir nur scheitern, weshalb wir diesen Anspruch schnell aufgeben sollten. Kinder erwarten keine perfekten Eltern. Sie bringen eine gewisse Menge an Anpassungsfähigkeit mit, das hat die Natur so eingerichtet, denn auch die Natur ist nicht auf perfekte El-tern eingestellt.

Deshalb sollten wir auch nicht danach streben, perfekt zu sein. Kinder bemerken die Unzufriedenheit der Eltern, wenn sie ständig zweifeln. Sie brauchen Eltern, die zu ihren Stärken und Schwächen stehen und das auch den Kindern vermitteln: »Seht her, wir sind nicht perfekt und wir haben unsere Schwächen – aber das ist auch in Ordnung so!« Wenn Eltern zu ihren Schwächen stehen und zeigen, dass es ganz normal ist, nicht perfekt zu sein, nehmen sie ihrem Kind den Druck, perfekt sein zu müssen. Sie zeigen ihm dadurch, wie man mit den eigenen Schwächen und Fehlern umgehen und auch daraus lernen kann. Dazu gehört übrigens auch, dass wir zu unseren Kindern ehrlich sind, wenn wir eine Pause brauchen. Es ist in Ordnung, ihnen auch mal zu sagen: »Ich brauche jetzt eine Pause und möchte meinen Kaffee in Ruhe trinken« oder »Ich bin gerade zu müde, um dir vorzulesen.« Genauso können und sollten wir Eltern unseren Kindern auch ehrlich sagen, wenn wir uns über etwas ärgern oder dass es uns verletzt, wenn sie uns anschreien oder beleidigen. Denn auch Eltern sind einfach nur Menschen. Und jeder Mensch hat das Recht auf Tage, an denen es ihm nicht so gut geht.

Stoppt das Sorgen-Karussell!

Endlich schlafen alle Kinder, endlich Zeit, auch die Augen zu schließen. Doch obwohl ich hundemüde bin und mir den ganzen Tag nichts sehnlicher gewünscht habe, als endlich ins Bett zu gehen und (hoffentlich besser als letzte Nacht) zu schlafen, will der Schlaf nicht kommen. Ich bin müde. Aber ich kann nicht schlafen. Zu viele Gedanken kreisen im Kopf herum. Der Kinderarzttermin morgen Nachmittag ist knapp gelegt. Schaffe ich es rechtzeitig, nach dem Kindergarten dort zu sein? Und eigentlich müsste ich danach auch noch neue Winterschuhe kaufen. Aber gleichzeitig auch rechtzeitig wieder zuhause sein, damit das große Kind noch Hausaufgaben erledigen kann. Mir graut vor dem hektischen Tag und ich weiß, es wäre das Beste, einfach zu schlafen und so einen

Tag ausgeschlafen zu meistern. Aber der Schlaf will einfach nicht kommen. Stattdessen ziehen andere Gedanken durch mein Gehirn. Die Noten des Schulkindes, die anstehende Empfehlung für die weiterführende Schule. Die Tatsache, dass meine Tochter seit einigen Tagen im Kindergarten wieder in die Hose macht. Zufall? Oder ein Zeichen dafür, dass sie etwas bedrückt? Und was soll ich bloß morgen in dem wichtigen beruflichen Telefonat erzählen? Hätte ich mich besser vorbereiten sollen?

1000 Gedanken prasseln auf mich ein, während ich mich im Bett herumwälze. Ein Gedanke löst den anderen ab, kein Gedanke wird zu Ende gedacht, keine Lösung in Sicht. Stattdessen dreht sich das Gedankenkarussell immer schneller, während sich der Zeiger auf der Uhr bewegt. Bald wird es hell, bald klingelt der Wecker und der morgendliche Stress geht wieder los. Bis dahin wäre ein wenig Schlaf schon hilfreich … Die Aussicht auf einen anstrengenden Tag im übermüdeten Zustand ist noch schlimmer als die Aussicht auf einen anstrengenden Tag, in den man ausgeschlafen startet. Doch wie bekomme ich das Gedankenkarussell gestoppt?!

—— Wenn du ein Problem hast, versuche es zu lösen. Kannst du es nicht lösen, dann mache kein Problem daraus. ——

Buddha

Die Sorgen und die Ängste, den nächsten Tag nicht heil zu überstehen, und das Gefühl, es einfach niemandem recht machen zu können, kennt jede Mutter. Sie schleichen sich meist durchs Hintertürchen ein, diese Sorgen, und setzen dann das Gedankenkarussell in Gang, das sich nur schwer wieder stoppen lässt. Gerade nachts, wenn man endlich einmal Ruhe hat und nicht durch die täglichen Aufgaben und das Geschrei der Kinder abgelenkt ist, tauchen sie auf, die Gedanken, die Grübeleien. Wenn sie euch vom Schlafen abhalten, hilft es, wenn ihr es so macht wie Scarlett O'Hara in »Vom Winde verweht«. Wenn bei ihr die Sorgen zu stark wurden, sagte sie sich: »Morgen ist ein neuer Tag.« Das bedeutet: Morgen kann es schon wieder ganz anders aussehen. Und vor allem kann man nachts meistens sowieso nichts an dem Problem lösen. Viel effektiver ist es also, sich auf die Seite zu drehen, die Decke hochzuziehen, zu schlafen und am nächsten Morgen ausgeruht die Ärmel hochzukrempeln. Wenn man dann überhaupt noch etwas machen muss – denn oft sieht die Welt am nächsten Tag tatsächlich ganz anders aus, und nicht wenige Probleme lösen sich von allein, wenn man nur lange genug wartet.

Atmen gegen Stress

So weit die Theorie. Die auch stimmt und richtig ist. Die ihr euch auf jeden Fall merken und des Nachts wie ein Mantra aufsagen solltet. Aber: Es ist meist leichter gesagt als getan. Denn ist das Gedankenkarussell erst mal so richtig in Fahrt, ist es nur schwer zu stoppen. Auch nicht mit Vernunft und Verstand. Was hilft, wenn die Panik einen übermannt: atmen. Ein einfacher, aber wirksamer Trick. Wenn gar nichts mehr geht, geht immer noch Atmen. Eine bewusste Bauchatmung versorgt uns sofort mit Sauerstoff. Die Gedanken stoppen sofort, wenn ihr jeden Atemzug mitzählt, am besten von zehn rückwärts. Legt dabei die Hände auf euren Bauch und spürt, wie er sich hebt und senkt. So wie ihr unter der Geburt die Wehen mit Atmen verarbeitet, könnt ihr den Atem auch im Alltag für schwierige Situationen einsetzen. Kommen nach den zehn Atemzügen die Sorgen wieder, helfen noch einmal bewusste Atemzüge.

Die 1–1–1–1-Methode

Die sogenannte 1–1–1–1-Methode ist eine andere Möglichkeit, die Sorgen und Probleme zu gewichten. Dabei stellt ihr euch die Frage: Ist dieses Problem in einem Tag noch relevant? Falls ja: Ist es in einer

Woche noch relevant? Oder in einem Monat? Falls ja, dann fragt euch: Ist das Problem in einem Jahr noch relevant? In vielen Fällen sind Probleme nicht einmal mehr am nächsten Tag relevant, geschweige denn nach einer Woche. Und selbst die Probleme, die einen noch nach einer Woche beschäftigen, lösen sich meist nach längerer Zeit in Luft auf. Wenn ihr die Dinge mit der 1–1–1–1-Methode unter die Lupe nehmt, relativiert sich so manche Sorge. Vieles, über das wir uns heute den Kopf zerbrechen, ist eigentlich nicht weiter wichtig, zumindest nicht langfristig. Und da wären wir wieder bei dem Punkt: Manche Probleme lösen sich von allein, wenn man nur lange genug wartet.

Macht's wie Beppo, der Straßenkehrer aus »Momo«

Doch manchmal ist er einfach da, der Stress, und lässt sich nicht wegatmen. Lässt sich nicht vertagen. Nicht schönreden. Da türmt sich ein Berg von Aufgaben vor einem auf und man hat keine Ahnung, wie man ihn abarbeiten soll, würde am liebsten vor der Menge der Aufgaben kapitulieren. Was hilft dann? Macht es wie Beppo, der Straßenkehrer aus Michael Endes »Momo«: Schritt für Schritt. In dem Kinderbuch erklärt Beppo der kleinen Momo: »Manchmal hat man eine sehr lange Straße vor sich. Man denkt, die ist so schrecklich lang; das kann man niemals schaffen, denkt man. Und dann fängt man an, sich zu eilen. Und man eilt sich immer mehr. Jedes Mal, wenn man aufblickt, sieht man, dass es gar nicht weniger wird, was noch vor einem liegt. Und man strengt sich noch mehr an, man kriegt es mit der Angst zu tun und zum Schluss ist man ganz außer Puste und kann nicht mehr. Und die Straße liegt immer noch vor einem. So darf man es nicht machen. Man darf nie an die ganze Straße auf einmal denken, verstehst du? Man muss immer nur an den nächsten Schritt denken, an den nächsten Atemzug, an den nächsten Besenstrich. Dann macht es Freude; das ist wichtig, dann macht man seine Sache gut. Und so soll es sein. Auf einmal merkt man, dass man Schritt für Schritt die

To-do-Liste schreiben

Wenn ihr vor Sorgen nicht schlafen könnt, schreibt sie kurz auf, am besten in Form einer knappen To-do-Liste. Die legt ihr dann außerhalb des Schlafzimmers ab. Das signalisiert dem Gehirn: Sache erledigt. Zumindest vorübergehend. Um dafür gewappnet zu sein, ist es hilfreich, immer einen Stift und ein Notizblock auf dem Nachttisch liegen zu haben.

ganze Straße gemacht hat. Man hat gar nicht gemerkt wie, und man ist nicht außer Puste. Das ist wichtig.«

Wenn man sich die Strecke, die vor einem liegt, in einzelne Aufgaben unterteilt und einfach Stück für Stück erledigt, fokussiert man sich immer nur auf den nächsten Schritt, ohne davon abgelenkt zu sein, was noch ansteht. Man wird nicht panisch und verfällt in Schnappatmung angesichts des riesigen Aufgabenbergs, der vor einem liegt, sondern arbeitet ihn Stück für Stück ab. In einzelne Meter aufgeteilt, erscheint der Kilometer nicht mehr so lang und bedrohlich.

Achtsamkeit – kein abgedroschenes Modewort

Es gibt Modewörter, die man irgendwann nicht mehr hören mag. Achtsamkeit ist so ein Wort, das einem eine Zeitlang überall entgegenprangte. Auf Zeitschriftentiteln, auf Instagram, auf Buchcovern. Das kann nerven. Aber es lohnt sich, diesen Absatz nicht zu überspringen, nur weil »Achtsamkeit« darübersteht! Denn Achtsamkeit hilft, sich auf den Moment zu fokussieren, auf das, was gerade passiert. Ohne zu bewerten. Nur wahrzunehmen. So schafft Achtsamkeit Abstand: zu den eigenen Gefühlen, zum Kind, zum Verhalten des Kindes, zum Stress. Wenn ihr eine Situation bewusst wahrnehmt, ohne sie zu bewerten, hilft das, die Dinge objektiver zu betrachten und einen kühlen Kopf zu bewahren. Dabei richtet ihr die Aufmerksamkeit nur auf das, was gerade passiert. Registriert bewusst auch die Details. So stoppt ihr das Grübeln über das, was zurückliegt, und das, was noch kommt. Was zählt ist nur das, was gerade passiert.

Die besten Achtsamkeitstrainer sind übrigens unsere Kinder. Sie machen uns spielend vor, wie man sich nur auf den Moment konzentriert. Es lohnt sich, sich häufiger auf das Tempo unserer Kinder einzulassen, die Welt mehr mit ihren Augen zu betrachten und nicht alles zu bewerten, sondern anzunehmen als das, was es ist. So schafft ihr Ruheinseln, in denen ihr nicht nur euren Kindern nahekommt, sondern auch selbst zur Ruhe findet.

Raus aus der Opferrolle!

Aber egal, wie gut ihr gewappnet seid und wie gut ihr die Theorie des Stressmanagements beherrscht: Die Tage werden kommen, an denen ihr das Gefühl habt, nichts zu schaffen, zu nichts zu kommen und an denen euch das Ohnmachtsgefühl zu erdrücken scheint. Es ist okay. Es ist normal. Ihr dürft solche Tage auch zulassen. Was dabei aber wichtig ist: dass ihr euch selbst nicht in der Opferrolle gefallt. Natürlich ist es komfortabel, die Schuld anderen zuzuweisen. Manchmal fühlt sich Mitleid von anderen auch gut an. Aber: Was leben wir unseren Kindern vor, wenn wir immer anderen die Schuld geben? Man ist schneller in der Opferrolle gefangen, als einem lieb ist. Und das ist eigentlich nichts Erstrebenswertes und auch nichts, was wir unseren Kindern vorleben sollten. Wer in der Opferrolle ist, ist passiv, verliert die Kontrolle über das, was passiert.

Haltet euch deshalb nicht lange mit Klagen auf und stoppt den Automatismus, die Schuld bei anderen zu suchen. Überlegt euch stattdessen, was ihr aktiv an der Situation ändern könnt, und fangt damit an. Das beste Beispiel ist das Wetter: Das ist etwas, das wir nun wirklich nicht ändern können. Statt uns Tage vorher Gedanken zu machen, ob das Wetter am Kindergeburtstag gut genug für eine Outdoor-Schatzsuche ist, sollten wir es einfach auf uns zukommen lassen und zwei Pläne machen. Es kommt, wie es kommt, am Wetter lässt sich nichts ändern. Es hilft nur, das Beste daraus zu machen, statt lange zu lamentieren. Also: Regenmantel und Gummistiefel an und raus zum Pfützen-Wettspringen!

Es ist nicht egoistisch, egoistisch zu sein!

Die Familie tut sich reihum auf beim Essen, alle sitzen vor ihren vollen Tellern. Und ich? Schnipple das Essen für das Baby klein, während mein Essen kalt wird, flitze noch mal in die Küche, um das fehlende Salz zu holen, und schiebe das große Kind richtig an den Tisch, während der Gatte schon seine erste Portion verdrückt hat. Mama denkt zuletzt an sich. Ein Beispiel für ein Verhalten, das sich durch das ganze Mamaleben zieht. Wir Mütter neigen dazu, an uns selbst zuletzt zu denken. Wir eilen durch unser Leben, haben alles im Kopf von den Schließtagen der Kita bis hin zur aktuellen Windelgröße des Babys, nur uns selbst vergessen wir viel zu oft. Wir verkneifen es uns, auf die Toilette zu gehen, weil das Baby auf dem Arm eingeschlafen ist. Wir verzichten auf unsere Lieblingsserie, weil das Kind nicht einschlafen will, und kuscheln eine Extrarunde im Bett. Wir pellen uns bibbernd im Schwimmbad als Letzte aus den nassen Badesachen, weil wir erst einmal alle Kinder abtrocknen und umziehen. Am Ende bleibt für uns ein nasses Handtuch und der eigene Pulli ist feucht geworden, weil die Kinder ihre nassen Badehosen daraufgeworfen haben.

Und so geht es munter weiter: In der Büchereitasche sind lauter Kinderbücher und für die Romane für uns selbst bleibt kein Platz mehr. »Egal, wir haben ja eh keine Zeit zum Lesen«, denken wir und schlagen seufzend das Bilderbuch zum Vorlesen auf statt die neu gekaufte Zeitschrift. Unsere eigenen Bedürfnisse setzen wir an die letzte Stelle.

Hauptsache, die Familie ist glücklich, dann ist auch die Mama glücklich?! Nein. So einfach ist es nicht. Denn wir sind eben nicht nur »die Mama von«, sondern auch immer noch wir selbst!

—— Jemandem zu helfen bedeutet nicht,
sich selbst zu vernachlässigen. ——

Afrikanisches Sprichwort

Niemand kann auf Dauer existieren, ohne auf seine eigenen Bedürfnisse zu achten. Existieren vielleicht schon, aber nicht wirklich leben, sich lebendig fühlen. Denn auf Dauer geht das an die Substanz. Wer nie an sich selbst denkt und auf die eigenen Bedürfnisse hinweist, der wird irgendwann nicht mehr gesehen. Wer sich selbst aus den Augen verliert, den verlieren auch die anderen aus den Augen. Bei all dem Trubel, den das Leben mit Kindern mit sich bringt, dürfen wir Mütter nicht vergessen, uns auch um uns selbst zu kümmern. Ich nenne es die »Sauerstoffmaske für Mütter«: Denn wie heißt es so schön im Flugzeug? »Bitte setzen Sie zuerst sich selbst die Sauerstoffmaske auf und helfen Sie erst dann mitreisenden Gästen und Kindern.« Denn wenn wir uns nicht zuerst die Sauerstoffmaske aufsetzen, dann fallen wir in Ohnmacht und können weder uns noch dem Kind helfen.

Und so ist es im Alltag: Wenn wir immer nur für andere da sind und uns selbst immer an die letzte Stelle setzen, haben wir irgendwann keine Kraft mehr. Und wenn wir keine Kraft mehr haben, können wir auch nicht mehr für andere da sein, anderen Kraft geben. Deshalb ist es nicht egoistisch, auch mal egoistisch zu sein.

Das soll natürlich kein Aufruf sein, alles stehen und liegen zu lassen, die Kinder sich selbst zu überlassen und hemmungslos nur noch die eigenen Bedürfnisse zu befriedigen. Es geht um das gesunde Maß. Das Maß an Selbstzuwendung, das jede Mutter braucht. Das bei jeder anders ist. Deshalb kann ich auch keine Empfehlung geben wie: Eine halbe Stunde am Tag und einen halben Tag am Wochenende solltet ihr nur für euch reservieren. Solche generellen Empfehlungen sind großer Quatsch. Denn jeder Mensch ist anders und jeder hat ein anderes Bedürfnis nach Zeit für sich und Selbstfürsorge. Wie viel Zeit und Raum ihr für euch und eure Bedürfnisse benötigt, müsst ihr selbst herausfinden. Das variiert übrigens auch – es gibt solche und solche Phasen. Und wie ihr diese Zeit und diesen Raum füllt, ist auch allein eure Sache. Für die eine Mutter reicht der tägliche Kaffee ganz in Ruhe genossen, die andere Mutter braucht einen ganzen Nachmittag für sich und wieder eine andere regelmäßig ein Yoga-Wochenende ohne Kinder. Und alles ist okay! Denn was macht man mit einem leeren Handy-Akku? Aufladen! Eben das solltet ihr auch ohne schlechtes Gewissen mit euren Akkus machen. Dazu gehört auch, dass ihr deutlich kommuniziert, wenn ihr eine Pause braucht, und ohne schlechtes Gewissen auch mal Nein sagt. Jesper Juul sagte in einem Interview in »Geo Wissen«: »Es gibt keine glücklichen Kinder ohne glückliche Eltern.«[33]

Die Kunst, sich selbst nicht aus den Augen zu verlieren

Aber wie schaffen wir es, uns im Alltag nicht selbst aus den Augen zu verlieren? »Ich muss nur einmal wieder ein Wochenende für mich haben. Dann wird alles anders.« Sagte eine Freundin von mir, buchte sich ein Wellnesswochenende und verreiste ohne Kinder. Dass sie ihre Kinder furchtbar vermisste, ist eine andere Geschichte. Das Problem ist: Es war danach nicht alles anders. Die Auszeit hatte ihren Kopf freigepustet, sie wusste wieder, was wichtig für sie ist. Aber als sie am Montag nach dem Wochenende vom Kindergarten ins Büro flitzte, war alles wieder wie sonst. Willkommen im Hamsterrad! Nun, vielleicht hilft dann ein längerer Urlaub? Eine Woche Auszeit, um wieder Zeit für sich zu haben und so etwas gegen den täglichen Stress zu tun? Dem Mutter-Burn-out vorzubeugen? Auszeiten wie ein Wellnesswochenende sind wichtig und schön – aber sie bringen nichts, wenn der Alltag danach so weitergeht wie bisher. Denn dann ist der

Erholungseffekt schneller weg als uns lieb ist. Und schwer zu organisieren sind diese Auszeiten auch.

Aber es müssen gar keine langen Auszeiten sein, damit wir das Hamsterrad stoppen und weniger Stress haben. Es geht vielmehr darum, regelmäßige Auszeiten in unseren Alltag zu integrieren – kleine Auszeiten, die sich viel leichter unterbringen lassen, aber dennoch guttun. Und durch ihre Regelmäßigkeit zu einem Ritual werden, das uns Müttern hilft, ausgeglichener zu werden, den Alltagsstress besser zu verkraften, so einem Burn-out vorzubeugen und zumindest ein paar Momente am Tag mal nur an uns zu denken.

Das Gemeine am Burn-out: Er kommt schleichend. Kündigt sich in kleinen Dingen an. Und dann ist da plötzlich der berühmte Tropfen, der das Fass zum Überlaufen bringt – und der Zusammenbruch ist da. Das Gute am Burn-out (wenn man denn so sagen kann): Er verläuft in mehreren Phasen und in jeder Phase kann man eingreifen und das Blatt wenden. Wie so oft gilt auch hier: Je früher man eingreift, desto besser! Am besten ist es natürlich, es gar nicht erst so weit kommen zu lassen. Und deshalb sollte man nicht auf den nächsten Urlaub warten, in der Hoffnung, dass dann alles besser wird, oder aufwendig das nächste Wellnesswochenende planen. Einfacher (und auch nachhaltiger) ist es, die kleinen Pausen in den Alltag einzubauen.[34]

Kleine Auszeiten schaffen

Kleine Pausen nur für mich selbst? Am besten gleich mehrere am Tag? Wie soll denn das gehen? Dann schaffe ich ja gar nichts mehr! Wie soll ich bitte eine Viertelstunde für mich selbst und eine Tasse Tee abknapsen, wenn der Tag sowieso schon minutengenau durchgetaktet ist und ich sowieso zu nix komme?! Wie lassen sich diese kleinen Auszeiten in den Alltag integrieren? Ohne dass am Ende nur noch mehr Stress und Zeitdruck entstehen und etwas liegen bleibt? Es geht darum, Zeitinseln zu suchen. Und diese bewusst für sich selbst zu nutzen. Ohne schlechtes Gewissen.

Du könntest zum Beispiel den Wecker eine Viertelstunde früher stellen und die gewonnene Zeit in Ruhe für einen Kaffee mit der Tageszeitung nutzen. Oder du setzt dich einfach mal im Morgengrauen auf die Terrasse, lauschst eine Viertelstunde lang den Vögeln und spürst das nasse Gras unter den Füßen. Und nein, diese Viertelstunde wird nicht für eine aufwendige Brotbox für die Kinder genutzt. Und auch nicht dazu, die Wäsche vorzusortieren. Das ist nur Zeit für dich selbst. Jetzt denkst du vielleicht: »Ich bin eh immer so müde, da soll ich auch noch früher aufstehen?« Einfach mal ausprobieren!

Oder wie wäre es, die Mittagspause nicht vor dem Computer zu verbringen? Nicht um Zeit zu sparen, das Brot nebenher zu mampfen. Das bringt nichts außer einer vollgekrümelten Tastatur! Für die Verdauung ist es sowieso besser, wenn man bewusst kaut und genießt. Am besten ist es, rauszukommen. Eine Runde um den Block zu gehen. Ohne Handy. Dann in Ruhe zu essen, ohne Ablenkung. Und frisch gestärkt ohne Krümel an den Arbeitsplatz zurückzukehren.

Eine andere Zeitinsel schaffst du dir, wenn du die Kinder einmal die Woche eine halbe Stunde später vom Kindergarten abholst. Wenn die Abholzeiten so flexibel sind, dass sie es zulassen, geh einen Nachmittag in der Woche ins Café. Da kannst du lesen. Oder die Leute beobachten – so wie früher ohne Kinder. Die Kinder werden diese halbe Stunde verkraften. Und freuen sich über eine entspanntere Mutter, die nicht so viel meckert! Falls die Betreuungszeiten nicht flexibel genug sind, kannst du die Kinder mit zu Freunden gehen lassen. Ab einem gewissen Alter geht das sehr gut. Man kann sich gegenseitig abwechseln und so ein bisschen Luft verschaffen.

Überhaupt, solltet ihr alles bewusst ein wenig langsamer angehen lassen. Hört sich blöd an, wenn man sowieso unter Zeitdruck steht?! Kostet aber kaum Zeit und schenkt dafür mehr Energie. Die dann wiederum den Effekt hat, dass einem die anderen Tätigkeiten leichter von der Hand gehen. Nicht bei jedem Klingeln sofort ans Telefon gehen. Dreimal klingeln lassen. Bewusst vor dem Abheben ein- und ausatmen. Jede Handbewegung etwas langsamer ausführen. Und eins nach dem anderen machen – denkt an Beppo, den Straßenkehrer!

DU **KANNST** DEINEN KINDERN DEINE **LIEBE** GEBEN, NICHT ABER DEINE GEDANKEN.

— KHALIL GIBRAN

Wir wachsen mit unseren Aufgaben

Und eines Tages wachst du auf und stellst fest: Meine Kinder sind groß. Auf die vielen ersten Male war ich bestens vorbereitet. Ich wusste genau, wann welche Entwicklungsschritte folgten. Ich fieberte auf die nächsten Meilensteine hin, das erste Lächeln, das erste Drehen, das erste »Mama«, den ersten Schritt, das erste Mal Töpfchen. Aber auf die vielen letzten Male hatte mich keiner vorbereitet. Es war mir nicht klar, dass mit vielen ersten Malen auch viele letzte Mal einhergehen. Denn die letzten Male schleichen sich durch die Hintertür ein. Selten nimmt man sie bewusst wahr, behält sie in Erinnerung wie die vielen ersten Male. Das letzte Stillen, das letzte Mal in der Babytrage, das letzte Wickeln, das letzte Mal Babyärmchen um den Hals, das letzte Mal Einschlafkuscheln, das letzte Mal Vorlesen ... Dass diese Dinge wegfallen, fällt einem oft erst im Nachhinein auf. »Jetzt hatte ich sie seit einem Monat nicht mehr in der Trage«, wurde mir eines Tages klar. Und so ist es mit vielen letzten Malen. »Sie werden so schnell groß« ist ein geflügeltes Wort. Wie oft habe ich belustigt gelächelt, wenn es ältere Damen zu mir sagten, mit diesem wehmütigen Gesicht. Heute, drei Kinder später, weiß ich, dass sie einfach nur recht hatten!

Eltern begleiten ihre Kinder auf ihrem Weg. Am Anfang helfen wir ihnen, sich im Leben zurechtzufinden, am Anfang sind wir die Leitplanken, die sie auf der Autobahn des Lebens schützen. In den ersten Jahren fragen unsere Kinder uns noch nach dem Weg, wollen, dass wir sie begleiten, ihnen erklären, was links und rechts des Weges liegt, sie beschützen. Aber je älter sie werden, umso häufiger gehen sie ein Stück des Weges allein. Umso seltener fragen sie uns nach dem Weg. Umso häufiger nehmen sie Abzweigungen ganz ohne uns. Bis sie irgendwann ihren ganz eigenen Weg wählen. Unsere Aufgabe dabei ist es, sie zu begleiten, solange sie es wünschen. Sie für ihren eigenen Weg stark zu machen, sie, so gut es geht, vorzubereiten. Und auch wenn sie längst ihren eigenen Weg gehen, ist es unsere Aufgabe als Eltern, ihnen zu zeigen, dass wir immer für sie da sind, um sie auch auf dem eigenen Weg ein Stück zu begleiten oder ihnen bei Herausforderungen zu helfen. Wenn unsere Kinder wissen, dass wir für sie da sind, dass sie immer zu uns als sichere Basis zurückkehren können, dann geben wir ihnen eine innere Stärke.

Wir begleiten unsere Kinder beim Erwachsenwerden, dabei, autonom zu werden. Das Ziel unserer Erziehung sollte deshalb sein, dass unsere Kinder eigenständig in der Welt klarkommen. Dazu gehört auch, dass sie sich eine eigene Meinung bilden. Dass diese nicht immer hundertprozentig der unseren entspricht, ist normal. Und auch gut so. Ebenso ist es normal, dass der Weg, den sie wählen, nicht immer dem Weg entspricht, den wir am liebsten für sie hätten. Dessen sollten wir Eltern uns immer bewusst sein. Denn unsere Kinder leben ihr Leben – das, das sie sich wählen, nicht das, das wir gerne für sie hätten. Sie sollen Dinge aus eigenem Antrieb machen und nicht, weil sie uns damit einen Gefallen tun möchten. Also: Gitarrenunterricht, weil sie es gern möchten. Oder Leichtathletik, weil es ihnen Spaß bringt und nicht, weil die Mutter selbst so gern über die Hürden gesprungen ist. Dasselbe gilt bei der Wahl des Berufs oder des Studienfachs: Niemand muss Arzt werden, nur weil es in der Familie Tradition ist.

Wir können unseren Kindern aber unsere Werte vorleben. Aufzwängen können wir sie ihnen natürlich nicht, aber unsere Werte in unser Familienleben integrieren, sie vorleben und so unseren Kindern mitgeben. Gerade solange die Kinder klein sind, haben Eltern eine Vorbildfunktion. Sie sind es, die Kindern Dinge wie Mitgefühl, Respekt und Rücksichtnahme auf andere vermitteln. Das leben wir vor, indem wir uns selbst an die von uns aufgestellten Regeln halten und auch erklären, wenn es einmal eine Ausnahme gibt. Indem wir Eltern unseren eigenen Weg gehen und den auch den Kindern erklären, ermutigen wir sie, ihren eigenen Weg zu gehen.

Resilienz stärken

Resiliente Kinder, das sollte unser Ziel sein. Resilienz hilft, gut durch das Leben zu kommen und auch bei Rückschlägen wieder aufzustehen. Denn ein Leben ohne Rückschläge gibt es nicht. Wir können unseren Kindern nicht alle Probleme aus dem Weg räumen, sie nicht vor allen schlechten Erfahrungen schützen. Die gute Nachricht: Das müssen wir auch gar nicht. Unsere Aufgabe ist es, ihnen das Rüstzeug mit auf den Weg zu geben, Herausforderungen aus eigener Kraft zu meistern und auch mit Scheitern umzugehen. Resiliente Kinder fühlen sich wohl als die Person, die sie sind. Sie wissen, dass sie wertgeschätzt werden mit ihren Stärken und Schwächen. Sie können sich realistische Ziele setzen, Probleme selbst lösen und sehen Hindernisse als Herausforderungen an. Genauso wie ihre Stärken kennen sie ihre Schwächen und wissen, wo sie sich Hilfe holen können, wenn sie welche benötigen. Resiliente Menschen konzentrieren sich auf das im Leben, das sie selbst beeinflussen können.[35] Eltern von resilienten Kindern akzeptieren ihre Kinder so, wie sie sind, und helfen ihnen, sich realistische Ziele zu setzen. Sie stellen Regeln so auf, dass das Selbstwertgefühl und die Selbstdisziplin ihrer Kinder gesteigert werden.

Sie geben ihren Kindern mit, dass Fehler zum Leben dazugehören und dass man aus ihnen lernen kann. Auch unser Umgang mit unseren Fehlern prägt unsere Kinder. Wenn wir die Schuld immer auf andere schieben, müssen wir uns nicht wundern, wenn sie dieses Verhalten von uns übernehmen. Zeigen wir aber, wie man eigene Fehler eingesteht und aus ihnen lernt, übernehmen unsere Kinder es.

Woran sollen sich unsere Kinder später erinnern?

Wir müssen also gar nicht alles perfekt machen. Niemand ist perfekt im Erziehen, es gibt kein perfektes Familienleben! Sondern einfach nur das echte Familienleben, in dem jeder seine eigenen Macken hat, seine eigenen Fehler macht und seinen eigenen Weg geht. Wie sollen eure Kinder auf euch blicken, wenn sie älter sind? Woran sollen sie sich erinnern? Möchtet ihr, dass sie euch auch als Erwachsene noch gern besuchen, weil sie gern Zeit mit euch verbringen und nicht, weil sie sich innerlich verpflichtet fühlen? Diese Fragen helfen, sich auf die wirklich wichtigen Dinge zu konzentrieren.

Das Gute ist: Wir wachsen mit unseren Aufgaben. So wie unsere Kinder größer werden, wachsen auch wir in unsere Rolle als Eltern hinein. Eltern mit mehreren Kindern wissen, was ich meine: Man wird mit jedem Kind entspannter, auch wenn jedes Kind eine ganz eigene Wundertüte ist. Es wird anders, wenn die Kinder größer werden. Aber vieles wird dadurch auch leichter. Und alles, was nicht leichter wird, können wir besser meistern, denn wir selbst werden immer besser!

—— Achte auf den Augenblick und genieße ihn, er ist das Beste, was wir haben, und das Einzige, was vergeht. ——

Australisches Sprichwort

Service

Endnoten

1 Kasten, H.: 0–3 Jahre
2 Largo, R.: Babyjahre
3 Erikson, E. H.: Das Stufenmodell
4 Bowlby, J.: Bindung als sichere Basis
5 Bowlby, J.: Bindung als sichere Basis
6 www.lalecheliga.de [25.03.2021]
7 Plagge, S.: Schlaf mein Baby, schlaf
8 Plagge, S.: Schlaf mein Baby, schlaf
9 Zeitschrift ELTERN, Ausgabe 6/2018
10 Göbel, H. u. a.: Oleum menthae piperitae (Pfefferminzöl) in der Akuttherapie des Kopfschmerzes vom Spannungstyp, 1996
11 Largo, R.: Lernen geht anders
12 Kasten, H.: 0–3 Jahre
13 Kasten, H.: 0–3 Jahre
14 Hüther, G.: Jedes Kind ist hochbegabt
15 Hofferth, S.: Changes in American Children's Time. 1997 to 2003, Electron Int J Times Uses REs Bd 6, 2009
16 Sandahl, I.D.: Mama, ich will spielen
17 Schmidt, N.: Mut. Wie Kinder über sich hinauswachsen
18 Sandahl, I.D.: Mama, ich will spielen
19 Piaget, J.: Das moralische Urteil beim Kinde
20 Brooks, R.; Goldstein, S.: Das Resilienz-Buch
21 Largo, R.: Kinderjahre
22 www.welt.de/gesundheit/psycho logie/article113118426/ Drei-Dinge-die-Babys-wirklich-schlau-machen.html [25.03.2021]
23 Largo. R.: Babyjahre
24 https://www.wissenschaft.de/ umwelt-natur/babys-kommuni zieren-mehr-untereinander-als-bisher-angenommen [25.03.2021]
25 Piaget, J: Das Weltbild des Kindes
26 Klüver, N.: Afterwork Familie
27 Geo Wissen, Nr. 54, Oktober 2014, S. 13 »Wie sollen Eltern mit ihren Kindern umgehen?«
28 Astrid Lindgren sagte diese Worte in ihrer Dankesrede anlässlich des Friedenspreises des Deutschen Buchhandels 1978.
29 Klüver, N.: Das Familienkochbuch für nicht perfekte Mütter
30 Carruth, Ruth et al: Prevalence of picky eaters among infants and toddlers and their caregivers
31 https://www.oxfam.de/unsere-arbeit/themen/soziale-ungleich heit [25.03.2021]
32 Klüver, N.: Die Kunst, keine perfekte Mutter zu sein
33 Geo Wissen, Nr. 54, Oktober 2014: Wie sollten Eltern mit ihren Kindern umgehen?
34 Klüver, N.: Die Kunst, keine perfekte Mutter zu sein
35 Brooks, R.; Goldstein, S.: Das Resilienzbuch

Literaturverzeichnis

Beste, Bea: Erziehen ist ein Kinderspiel – 8 geniale Strategien für ein Familienleben voller Humor und Leichtigkeit. TRIAS, 2020

Bowlby, John: Bindung als sichere Basis. Ernst Reinhard, 2014

Brooks, Robert; Goldstein, Sam: Das Resilienz-Buch. Wie Eltern ihre Kinder fürs Leben stärken. Klett-Cotta, 2001

Carruth, Betty et al: Prevalence of picky eaters among infants and toddlers and their caregivers' decisions about offering new food. Journal of the Academy of Nutrition and Dietetics, January 2004

Erikson, Erik: Der vollständige Lebenszyklus. Suhrkamp, 1988

Fröhlich, Laura: Die Frau fürs Leben ist nicht das Mädchen für alles. Kösel, 2020

Geo Wissen, Ausgabe 54, Oktober 2014: Wie Erziehung gelingt

Hatch, Amber: Achtsam Eltern sein. Für ein gelassenes und glückliches Familienleben. TRIAS, 2018

Hüther, Gerald; Hauser, Uli: Jedes Kind ist hochbegabt. Die angeborenen Talente unserer Kinder und was wir aus ihnen machen. btb, 2013

Juul, Jesper: Elterncoaching. Gelassen erziehen. Beltz, 2016

Imlau, Nora: Freundschaft. Wie Kinder sie erleben und wie Eltern sie stärken können. Beltz, 2014

Imlau, Nora: Mein Familienkompass. Ullstein, 2020

Kasten, Hartmut: 0–3 Jahre. Entwicklungspsychologische Grundlagen. Cornelsen, 2013

Klüver, Nathalie: Afterwork Familie: Wie du mit wenig Zeit dich und deine Familie glücklich machst. TRIAS, 2019

Klüver, Nathalie: Das Familienkochbuch für nicht perfekte Mütter. TRIAS, 2020

Klüver, Nathalie: Die Kunst, keine perfekte Mutter zu sein. TRIAS, 2018

Largo, Remo H.: Babyjahre. Entwicklung und Erziehung in den ersten vier Jahren. Piper, 2007

Largo, Remo. H.: Kinderjahre. Die Individualität des Kindes als erzieherische Herausforderung. Piper, 2019

Largo, Remo H.: Lernen geht anders. Bildung und Erziehung vom Kind her denken. Edition Körber Stiftung, 2010

Largo, Remo H., Beglinger, Martin: Schülerjahre. Wie Kinder besser lernen. Piper, 2010

Oxfam-Studie https://www.oxfam.de/unsere-arbeit/themen/soziale-ungleichheit [25.03.2021]

Piaget, Jean: Das moralische Urteil beim Kinde. dtv, 1992

Reischer, Erica: Was Eltern von tollen Kindern richtigmachen. Erziehungsstrategien, die wirklich funktionieren. TRIAS, 2020

Sandahl, Iben Dissing: Mama, ich will spielen! Warum dänische Kinder resilienter und kreativer sind. Mosaik, 2020.

Schmidt, Nicola: Mut. Wie Kinder über sich hinauswachsen. Beltz, 2014

Valentin, Stephan: Freie Eltern, freie Kinder. Warum wir auf Vertrauen setzen können. Kreuz, 2015

Liebe Leserin, lieber Leser,

hat Ihnen dieses Buch weitergeholfen? Für Anregungen, Kritik, aber auch für Lob sind wir offen. So können wir in Zukunft noch besser auf Ihre Wünsche eingehen. Schreiben Sie uns, denn Ihre Meinung zählt!

Ihr TRIAS Verlag

Kontakt:
kundenservice.thieme.de

Lektorat TRIAS Verlag
Postfach 30 05 04
70445 Stuttgart

 Besuchen Sie uns auf facebook!
www.facebook.com/
trias.tut.mir.gut

 Besuchen Sie uns auf facebook!
www.facebook.com/
mama.mag.trias

 Folgen Sie uns auf Instagram!
www.instagram.com/
trias_verlag

 Lassen Sie sich inspirieren!
www.pinterest.com/
triasverlag

Abonnieren Sie unsere Newsletter:
www.trias-verlag.de/newsletter

Bibliografische Information der Deutschen Nationalbibliothek
Die Deutsche Nationalbibliothek verzeichnet diese Publikation in der Deutschen Nationalbibliografie; detaillierte bibliografische Daten sind im Internet über http://dnb.d-nb.de abrufbar.

Programmplanung: Katja Liese
Projektmanagement: Sabine Ilg
Redaktion: Ursula Brunn-Steiner, Vaihingen/Enz

Umschlaggestaltung: © Thieme
Layout: CYCLUS · Visuelle Kommunikation, Stuttgart

Bildnachweis:
Umschlagmotiv: © Thieme
Autorinnenfoto: © Nathalie Klüver
Zeichnungen: Daniela Sonntag, Stuttgart

1. Auflage 2021

© 2021. Thieme. All rights reserved.
TRIAS Verlag in Georg Thieme Verlag KG
Rüdigerstraße 14, 70469 Stuttgart, Germany
www.trias-verlag.de

Printed in Germany

Satz und Repro: Fotosatz Buck, Kumhausen
Gesetzt in Adobe Indesign CS6
Druck: AZ Druck und Datentechnik GmbH, Kempten

Gedruckt auf chlorfrei gebleichtem Papier

ISBN 978-3-432-11372-2   1 2 3 4 5 6

Auch erhältlich als E-Book:
eISBN (ePub) 978-3-432-11373-9